Bibliografische Information der Deutschen Nationalbibliothek:
Die Deutsche Nationalbibliothek verzeichnet diese Publikation
in der Deutschen Nationalbibliografie;
detaillierte bibliografische Daten sind im Internet
über http://dnb.dnb.de abrufbar.

Zitierte Bibelverse stammen aus folgenden Bibelübersetzungen:
Luther 2017, Elberfelder, Hoffnung für Alle

Herstellung und Verlag: BoD – Books on Demand, Norderstedt

2.Auflage 2022
© 2022 Dominic Bezikofer
Lektorat: Mirjam Bezikofer
Korrektorat: Joachim Hein, Daniel Justus, Tobias Pissarczyk

Layout & Design:
Nicole Veser – Du & Ich - Fotografie | Grafikdesign
www.duundich-fotodesign.de | ⊚ nicoleveser

Bilder/Cover: eilean-donan-castle, freepik
Familienbilder: Léla Sehne | Familienfotografie
www.lela-fotografie.de

ISBN: 978-3-75688-844 3

MY HOME IS YOUR CASTLE

VOM UMBAU ZUM UMDENKEN

DOMINIC BEZIKOFER

— INHALT

AUS DEM LEBEN,
fürs Leben, zum Leben!

Wir Menschen sind auf der Welt, um zu wachsen. Ich sehe es an meinen Kindern, die jeden Tag neue Dinge lernen und auch ich lerne immer Neues dazu. Bis zu unserem Tod sind wir auf einem Wachstumspfad. Und zugleich sollen wir neben dem Wachsen auch ein Segen für Andere sein. Wie gut tut es von einer anderen Person etwas zu bekommen und wie befriedigend ist es, anderen Menschen etwas weiterzugeben? Die Bibel sagt, dass wir nichts aus uns heraus tun können (siehe Johannes 15,5 - „Ich bin der Weinstock, ihr seid die Reben. Wer in mir bleibt und ich in ihm, dieser bringt viel Frucht, denn außer mir könnt ihr nichts tun."). Gott hat uns zuerst geliebt, deswegen können wir andere lieben. Gott hat uns Dinge gegeben, deswegen können wir sie weitergeben. Wenn wir Segen empfangen, sollen wir ihn weitergeben, denn Segen ist wie Liebe – sie wird nicht weniger, wenn man sie teilt. Ganz im Gegenteil, sie wird sogar noch mehr!

Meine Haussanierung hat mich mehr als eineinhalb Jahre gekostet, mit allen Höhen und Tiefen, die man sich vorstellen kann. Ich habe vieles gelernt und erkennen dürfen. Es gibt Momente in unserem Leben, die uns die Augen öffnen, uns einen neuen Blickwinkel auf unser Leben geben und uns verändern. Die Sanierung unseres Hauses war solch eine Zeit für mich.

Die nächsten Kapitel geben einen Einblick in das, was ich während meinem Hausbau erlebt und was ich daraus gelernt habe. Ich bin überzeugt, dass wir alle im Laufe unseres Lebens Zeiten haben, in denen wir ganz tiefgreifende Erfahrungen machen. Es macht Sinn, sich dann die Zeit zu nehmen, inne zu halten, zu fokussieren, zu reflektieren und sich die Frage zu stellen – was habe ich für mein Leben gelernt und was sollte ich vielleicht anders machen? Aber nur zu erkennen, dass etwas anders gemacht werden sollte hilft nicht - man muss es auch umsetzen.

In der Businesswelt sollte es nach jedem Projekt (egal ob erfolgreich oder nicht) ein „Lessons Learned" geben – sprich: eine Reflexion, was man gelernt hat (positiv und negativ), sodass man es das nächste Mal besser machen kann. Als Christ bin ich überzeugt, dass Gott mir durch Situationen und Erlebnisse in meinem Leben Dinge offenbart. Dinge, die mich auf etwas aufmerksam machen sollen, oder die ich in meinem Leben verändern soll. Die Frage ist: Was mache ich mit diesen Erkenntnissen und wie verändere ich mich dadurch? Wie wende ich meine persönlichen „Lessons Learned" in meinem Leben an?

Meine „Lessons Learned" für meinen Hausbau und mein Leben habe ich erst erkannt, als ich Zeit hatte, über alles mal in Ruhe nachzudenken. Und es hat nochmal länger gedauert um es zu verdauen, es anzunehmen und mich letztlich zu verändern. Und trotzdem ertappe ich mich dabei, immer wieder in alte Gewohnheitsmuster zurückzufallen, als ob ich nichts gelernt hätte. Wichtig ist dann wieder, den richtigen Weg zu finden, auf dem Wachstumspfad weiter zu gehen und mich erneut verändern zu lassen. An vielen Gedankenanstößen aus dem Buch bin ich selbst noch dran und bin gespannt, was Gott mir noch weiter zeigen möchte.

Es mag sein, dass nicht jedes Kapitel dich als Leser anspricht oder für dich relevant ist, aber wenn nur ein Aspekt aus dem Buch dir hilft, einen Schritt im Leben weiter zu kommen und eine neue Sicht auf gewisse Dinge zu erhalten, so hat es sich gelohnt. Bewerte du selbst, was du aus dem Buch ziehst und wie tief du dich auf die Gedankenanstöße einlässt. Es geht um dich und dein Leben!

―――――――――― **KRAFTWORTE** ――――――――――

„ICH ABER & MEIN **HAUS**, WIR WOLLEN DEM **HERRN** DIENEN!"

JOSUA 24, 15

Als Autor von diesem Buch bin ich dankbar für die folgenden Seiten, denn sie sind Teil meines Lebens und meiner Geschichte. Ich hoffe und bete, dass es dich als Leser einen Schritt im Leben weiterbringt. Es wäre schön, wenn dadurch ein Stückchen mehr Himmel auf Erden wird.

Es gibt ein Sprichwort von Edward Coke: „My home is my castle" - „Mein Haus ist meine Burg". Wie schön zu wissen, dass man in seinen eigenen vier Wänden der Herr ist und das Sagen hat. Durch meinen Umbau durfte ich aber erkennen, dass es anders mehr Sinn macht. Nämlich dann, wenn ich mein Haus und meine Familie in Gottes Hand lege und ER das Sagen in meinem Haus hat, also „My home is your castle" – „Mein Haus ist deine Burg". ER ist König - und wie gut tut die Gewissheit beim König zu wohnen!

Abschließend bitte ich dich, lieber Leser, um einen Vertrauensvorschuss, für das, was du liest. Ich möchte dich ermutigen, dich auf meine Gedankengänge, Erkenntnisse und Fragen einzulassen. Entscheide am Ende selbst, was du daraus machst. Mich hat es verändert. Ich wünsche mir, dass es auch dich verändert - dass Gott dich verändert.

Sei offen für Veränderung & sei ein Segen,

Dominic Bezikofer

„SELTENE GELEGENHEIT"
BUNGALOW IN FN-OST

So lautete die Überschrift des Exposés, das wir von der ortsansässigen Bank am Freitag, den 28.10.2016 zugeschickt bekommen hatten. Wie dieser Tag ablief und welche Fügung hier zusammenkam – mehr dazu in Kapitel 1. Es ist jedoch wichtig, das Haus bzw. unser Projekt, das für die nächsten anderthalb Jahre vor uns lag, grob zu beschreiben. In knapp 18 Monaten Sanierungszeit bis zum Einzug im Mai 2018 kamen Schritt für Schritt viele Themen auf, die mich veranlasst haben, dieses Buch zu schreiben. Ich durfte so einige Dinge erkennen, die ich für mein Leben gelernt habe. Das Haus ist Baujahr 1968, also beim Kauf knapp 50 Jahre alt. Es ist in solider Bungalowbauweise mit Stahlbetonkeller (30cm Dicke) und Ziegel (28cm) im Erdgeschoss und Dach gebaut. Klares „Made in Germany" mit dem gefühlten Ziel, die Ewigkeit zu überstehen. Das Grundstück war mit einem circa 400qm großen, völlig überwucherten Dschungel zu vergleichen, bei dem so einige Bäume knapp unter den Dachgiebel reichten. Großes Plus ist die nach Südwesten ausgerichtete Sonnenterasse.

Die zwei wichtigsten Sätze im Exposé waren leicht zu überlesen, aber essentiell für das, was uns erwartete: „Der Zustand des Hauses beschreibt weitestgehend das Ursprungsjahr. Es gilt hier umfangreiche Renovierungs- und Modernisierungsarbeiten durchzuführen." Durch die Hausbesichtigung und das aufmerksame Lesen des Exposés, sahen wir, was vor uns lag und haben auch gleich im Haus und dem Grundstück etwas gesehen. Ein Haus für uns als Familie und ein Zuhause für unsere Kinder.

Das Haus war bis zu unserem Kauf für knapp 2 Jahre unbewohnt gewesen, war aber kontinuierlich in den Wintermonaten beheizt worden. Wasser, Heizung und Toiletten funktionierten und man hätte theoretisch auch direkt einziehen können. Für uns war aber klar, dass wir das Haus sanieren wollten und dass sehr viel Arbeit auf uns warten würde. Es ist nicht sinnvoll jede Tätigkeit aufzuzählen, aber anbei die großen Gewerke um ein besseres Verständnis für den Umfang zu bekommen:

- *Aus der alten Ölheizung wurde eine neue Luftwärmepumpe.*
- *Aus den Heizungsradiatoren wurde eine Fußbodenheizung im kompletten Haus (EG und UG).*
- *aus den Holz-Zweiglas Fenstern wurden dreifachverglaste Kunststofffenster.*
- *Alle Böden und der ganze Estrich wurden neu gemacht und gefliest.*
- *Alle Wasserleitungen (Zu und Ablauf) wurden rückgebaut und bis zu den Hausanschlüssen mit neuen Leitungen erneuert.*
- *Jedes Stromkabel wurde rausgemeißelt und neu eingezogen.*
- *Dachdämmung (Dach ist noch in Top Zustand und wird die nächsten Jahre mal gemacht)*
- *Wände versetzt & rausgerissen*
- *Und, und, und...*

Kurz gesagt: Wir haben nur noch (einige) Mauern stehen lassen und alles neu gemacht.

Von meinem Vater habe ich viel gelernt und daher war klar – „Was du kannst, machst du selber, was nicht, eignest du dir an und hilfst mit und lernst daraus." Nur die ganz wichtigen Dinge „Gas, Wasser, Scheiße" und Fenster lässt man machen, um hier auch Garantie zu bekommen. Das meiste wurde also selbst in Angriff genommen, natürlich auch mit Unterstützung von Familie und Freunden. Vor allem das Thema Rückbau wurde zu beinah 100% in Eigenleistung erbracht und auch beim Aufbau wurde gemacht was man eben konnte.

Die 18 Monate zwischen Kauf und Einzug sahen im Wesentlichen folgendermaßen aus. Montag bis Freitag arbeitete ich in meinem Vollzeitjob meist von 8:00 Uhr - 18:00 Uhr. Wenn möglich, ging es danach ab auf die Baustelle. Den ganzen Samstag verbrachte ich auf der Baustelle, lediglich sonntags gab ich mir frei. Mein Papa hat immer gesagt, am Sonntag arbeitet man nicht – ganz einfach wie es auch in der Schöpfungsgeschichte in Genesis 1 der Bibel geschrieben steht. Auch Gott ruhte einen Tag und erst dann war die Schöpfung vollendet.

Woche für Woche, Monat für Monat für fast 18 Monate war dies der Ablauf. Wir hatten zwei Wochen Sommerurlaub und eine Woche Winterurlaub, in der 2017 unser drittes Kind zur Welt kam. In der ganzen Zeit hatten wir nur drei Familienwochenenden für uns. Hiervon waren zwei Familienfeste und an das dritte Wochenende können wir uns gar nicht mehr erinnern.

Gestartet sind wir in das Projekt als Familie mit zwei Kindern im Alter von drei und einhalb Jahren. Zwischen drin, in der Hochphase des Umbaus, kam unser drittes Kind im Frühjahr 2017 auf die Welt. Beruf, Hausbau, Familie waren angesagt – in dieser Reihenfolge. Unser Leben war von früh bis spät durchorganisiert. Rückblickend stand unsere Ehe ganz hinten an, was auch ein hartes „Lessons Learned" war. Fakt ist: ein Hausbau oder Umbau belastet eine Beziehung. Ich ziehe den Hut und habe größte Hochachtung vor jedem, der ein Haus baut, umbaut oder saniert. Es ist für die meisten Menschen eine außergewöhnliche Zeit mit Höhen und Tiefen und jedes Projekt ist anders. Ich habe Hochachtung vor jedem, der selber macht, was er kann. Vom Streichen, übers Mauern, zum Fliesenlegen. Der Eine macht mehr, der Andere weniger. Der Eine kann mehr, der Andere hat es nie gelernt. Es ist eine besondere Zeit im Leben eines Mannes und auch als Paar bzw. als Familie. Mein Haus war sicherlich kein Extremfall. Es gibt viel schwierigere Hausprojekte mit mehr Herausforderungen auf unterschiedlichen Gebieten. Ich hatte auch unvorhersehbare Probleme, die im Nachgang meist gut ausgegangen sind. Manche waren einfacher zu lösen, manche schwerer. Für viele Menschen, die ihr eigenes Haus (um)bauen und nicht täglich im Baugewerbe tätig sind, wird diese Zeit sicherlich auch als belastend empfunden, da man seine Komfortzone verlässt und etwas Neues macht.

Es gibt das Sprichwort: „Das erste Haus baust du für deinen Feind, das zweite für deinen Freund und das Dritte für dich selbst." [Konfuzius, ca. 551 v. Chr.].

Die meisten privaten Häuslebauer (wie man im Schwäbischen sagt) bauen in ihrem Leben ein Haus für sich, wenige zwei und noch weniger drei. Somit ist das Projekt Hausbau meist einmalig, oft ohne Vorkenntnisse und Erfahrung. Man liest sich ein, aber es kommt sicherlich nicht so wie man es plant. Man kann Experten (z.B. Bauleiter, Architekten, Handwerker, etc.) hinzuziehen, die einem helfen und Arbeit abnehmen. Sie geben Sicherheit, verschaffen Übersicht, helfen, keine wichtigen Themen zu vergessen, usw. Trotzdem muss man als Bauherr die Entscheidungen treffen, angefangen von Finanzierung, über Ausstattung, und vieles mehr.

Dies ist für die meisten Menschen keine alltägliche Situation. Es fordert viel von einem, dem Partner und der Familie. Viele würden sagen, dass mein Hausprojekt ein „normales" Projekt war - nichts Spezielles mit normalen Höhen und Tiefen und den üblichen Bauproblemen. Am Ende hat alles geklappt, Einzug erfolgreich, passt. Daumen hoch! Ich würde vermutlich zustimmen. Mit einem Blick auf andere Häuslebauer würde ich sogar sagen „Das haben schon viele gemacht. Das bekommt der auch hin". Tatsache ist jedoch, dass mein Hausprojekt für mich etwas ganz besonders war und mein Leben verändert hat. Knapp 1000 Stunden Eigenleistung von mir bis zum Einzug sind nur ein Maß, das deutlich macht, wie viel Energie ich investiert habe. Neben meinen standardmäßig 40-50 Stunden Arbeit pro Woche in meinem Beruf kamen nochmal im Durchschnitt 12-15 Stunden oben drauf. In den ganzen Monaten sind wir circa 14.000 Kilometer nur für die Haussanierung gefahren. Wir waren an 177 Tagen auf der Baustelle und haben dort gearbeitet. Normal für den einen, unvorstellbar für den anderen. Für uns eine Herausforderung, der wir uns gestellt haben.

Doch bevor es mit der Sanierung losgehen konnte, ging es zunächst einmal darum, überhaupt an ein geeignetes Haus zu kommen. Bei der damaligen Lage am Immobilienmarkt und speziell in unserer Gegend, der sehr begehrten Bodenseeregion, gar keine so einfache Sache! Ich überlasse es meiner Frau Mirjam zu erzählen, wie wir an unser Haus gekommen sind. Wäre sie nicht gewesen, davon bin ich überzeugt, wären wir nämlich gar nicht erst dazu gekommen, unser heutiges Heim zu kaufen.

Wenn der HERR nicht das Haus baut, so arbeiten umsonst, die daran bauen. PSALM 127, 1

Ich aber und mein Haus wollen dem HERRN dienen. JOSUA 24, 15

Darum, wer diese meine Rede hört und tut sie, der gleicht einem klugen Mann, der sein Haus auf Fels baute. Als nun ein Platzregen fiel und die Wasser kamen und die Winde wehten und stießen an das Haus, fiel es doch nicht ein; denn es war auf Fels gegründet.

MATTHÄUS 7, 24-25

DURCH WEISHEIT WIRD EIN HAUS GEBAUT UND DURCH VERSTAND ERHALTEN, UND DURCH ORDENTLICHES HAUSHALTEN WERDEN DIE KAMMERN VOLL KOSTBARER, LIEBLICHER HABE.

SPRÜCHE 24,3-4

EINS

ZUR
RECHTEN ZEIT
AM RECHTEN ORT

Wir, das waren im Jahr 2016 ich, Mirjam (27 Jahre alt), mein Mann, Dominic (32 Jahre alt) und unsere zwei Kinder Gideon (3 Jahre alt), und Magdalena (1,5 Jahre alt). Ich erwartete unser drittes Kind im Frühjahr 2017 – und der Platz zum Leben wurde langsam knapp. Wir wohnten in vier sehr kleinen Zimmern, verteilt auf etwa 70qm, in einem kleinen Reihenhäuschen einer 1950er Nachkriegssiedlung. Wir waren nicht undankbar für unser kleines Domizil; immerhin war es ein Eigenheim in begehrter Lage; jedoch schauten wir uns bereits seit Längerem auf dem Markt nach etwas Größerem um. Mit der dritten Schwangerschaft wurde unser Anliegen nach mehr Wohnraum umso dringlicher. Irgendwie hatte ich aber immer das Gefühl, dass wir in unserer Siedlung etwas Größeres finden würden und längerfristig hierbleiben könnten. Unsere damalige Lage im Reihenhaus war optimal: Ein kurzer Weg zur Arbeit, der mit dem Fahrrad in knapp 5 Minuten möglich war, die Kita auf dem Weg zur Arbeit, Einkaufsmöglichkeiten, Post, Freunde - alles im Umkreis von 5 Minuten mit dem Fahrrad ohne Auto erreichbar.

Beinah wöchentlich hatten wir Besichtigungstermine. Der Immobilienmarkt erschien uns damals schon als völlig irrsinnig – wenn man die Preise von damals mit heute vergleicht, war es jedoch halb so schlimm. Wo wir uns vor der

dritten Schwangerschaft leichten Herzens von geplatzten Hausträumen verabschiedeten, wurde es uns gegen Ende 2016 langsam mulmig. Die steigenden Immobilienpreise gepaart mit der bevorstehenden Geburt unseres dritten Kindes brachten uns dazu, einem Haus vorbehaltlich zuzusagen, das viele Kriterien, die uns zuvor wichtig gewesen waren, nicht erfüllte. Es lag weit außerhalb, sowohl Dominic als auch ich hätten weit pendeln müssen, ein zweites Auto wäre unverzichtbar geworden, wir wären weit weg gewesen von Freunden und Familie, die Umgebung war – höflich ausgedrückt – dörflich und Einkaufsmöglichkeiten waren schlichtweg nicht vorhanden. Nicht einmal eine Grundschule befand sich am Ort! Trotzdem erschien es uns als lohnenswertes Objekt. Nach der ersten Besichtigung und einer mündlichen Zusage, wollten wir das Haus gerne noch einmal gemeinsam mit Dominics Eltern besichtigen. Sie waren selbst seit Jahrzehnten Hausbesitzer und wir legten viel Wert auf ihre Meinung. So wurde mit der Eigentümerin ein weiterer Besichtigungstermin für Freitag, den 28. Oktober 2016 festgelegt. Auf 16:30 Uhr sollten wir uns gemeinsam mit meinen Schwiegereltern dort einfinden.
Am Vormittag des besagten Tages führte ich ein langes Telefonat mit meiner Mutter. Ich hatte Bauchschmerzen dabei, für diese Immobilie am Abend eine feste Zusage abzugeben. Am meisten störte mich die ländliche Lage. Ich liebte unsere damalige Wohnlage am Stadtrand, die unseren Kindern einmal sehr viel Selbstständigkeit ermöglichen sollte. Ich wollte eigentlich immer arbeiten gehen – wenn wir aber so weit ins Hinterland ziehen würden, sah ich mich die kommenden zwei Jahrzehnte als Mamataxi durch die Gegend kutschieren. Es gab noch so einige andere Punkte, die mich störten, aber auch so manchen Pluspunkt. Ich notierte mir während des Ge-

spächs alle Pro- und Kontraargumente und ich erinnere mich, dass die Liste tatsächlich verhältnismäßig ausgeglichen war. Trotzdem ließ mich das Gefühl nicht los, dass wir drauf und dran waren, einen Fehler zu machen. So sehr ich mir mehr Platz für meine Familie wünschte, so sicher war ich mir doch, dass wir in der Nähe etwas finden würden, wenn wir nur noch etwas länger suchen würden. Uns ging jedoch langsam aber sicher der Atem aus. Wir hatten bereits im selben Jahr an einem Bieterverfahren auf eine Immobilie in unserer unmittelbaren Nachbarschaft teilgenommen, waren in die engere Auswahl gekommen, und hatten am Ende den Zuschlag nicht bekommen. Bei aller Enttäuschung, die wirklich schwer wog, blieb ich zunächst zuversichtlich, dass es für uns in der näheren Umgebung ein Häuschen geben würde. Doch nun, gerade mal ein paar Monate später, hatte uns diese Zuversicht offenbar verlassen.

Wie ich so über unsere Wohnsituation nachdachte, meldete sich mein Handy.

Eine Freundin hatte mir eine Nachricht geschickt. In der keinen Sparkassenfiliale an ihrem Wohnort hatte sie ein Kurzexposé abfotografiert und mir weitergeleitet mit den Worten: „Wäre das nicht was für euch?" Auf dem einzigen Foto war ein baufälliger Bungalow abgebildet, Baujahr 1968, irgendwo in unserer Wohngegend. Das Kurzexposé selbst war wenig aussagekräftig, daher rief ich direkt bei der angegebenen Telefonnummer an. Mir wurde gesagt, der zuständige Mitarbeiter sei außer Haus, aber man könne mir gerne schonmal das gesamte Exposé als pdf-Dokument zusenden. Immer her damit! Die E-Mail kam umgehend und als ich die genaue Adresse des Objekts sah, konnte ich es zunächst kaum glauben. Das waren keine 200m Luftlinie zu unserem damaligen Haus! Meine kleine Tochter machte gerade Mittagsschlaf, ich schnappte mir also das Babyfon und flitzte zu dem besagten Bungalow. Ich schlich einmal um das leerstehende Haus herum, kämpfte mich durch den völlig überwucherten Garten und konnte kaum fassen, dass dieses Haus nun zum Verkauf stand. Ich hatte das pdf-Exposé meinem Mann in die Arbeit weitergeleitet und er antwortete kurz und knapp: „Kaufen!"

Mittlerweile war es fast 14 Uhr und es wurde Zeit, meinen Sohn vom Kindergarten abzuholen. Ich wartete ungeduldig auf den Rückruf des Immobilienmaklers und befürchtete, er würde vermutlich genau in den 20 Minuten anrufen, die ich außer Haus war. Also startete ich einen letzten Versuch, ihn selbst zu erreichen. Und siehe da: Er war zwischen zwei Außerhausterminen kurz in seinem Büro! Ich erklärte ihm meine Situation: Wir waren drauf und dran, noch am selben Abend einer anderen Immobilie zuzusagen. Jedoch wollte ich das nicht tun, ohne vorher den Bungalow gesehen zu haben. Der sehr freundliche Herr erklärte mir, er hätte gerade seinen letzten Arbeitstag vor einem einwöchigen Urlaub und würde noch den ganzen Tag Termine abarbeiten. Er könne mir lediglich einen Termin anbieten: 16:30 Uhr – genau die Uhrzeit, zu der wir die andere Immobilie nochmals ansehen und höchstvermutlich final zusagen wollten. Ohne mich mit meinem Mann nochmals abzusprechen, sagte ich zu und informierte meine Schwiegereltern, dass wir am Abend ein anderes Haus besichtigen würden.

Wir haben also den Bungalow besichtigt und da der Makler anschließend im Urlaub war, hatten wir eine komplette Woche Zeit, ein Feedback zu geben. Wir hatten Ruhe und Zeit uns Gedanken zu machen und uns das Haus auch nochmal von außen anzuschauen. Und der Rest ist Geschichte – Schlussendlich hat es geklappt und wir haben das Haus bekommen.

Rückblickend, für mich als Dominic, ist die Geschichte, wie wir das Haus bekommen haben, nur durch Gottes Fügung zu erklären. Andere mögen sagen es war Zufall – für mich ist es ein Zeichen dafür, wie Gott in meinem Leben wirkt. Als ich an diesem besagten Freitagmorgen zur Arbeit ging, war ich fest davon überzeugt, dass wir abends einem anderen Haus zusagen würden. Innerhalb weniger als 6 Stunden wurden alle unsere Pläne für diesen Tag und für unsere häusliche Zukunft auf den Kopf gestellt. Wir sind in eine komplett andere Richtung gelaufen, ohne in dem Moment vollumfänglich alles zu begreifen. Heute haben wir es verstanden und sehen darin nichts anderes als Segen von Gott.

Wie meine Frau beschrieben hat, hatte sie immer das Gefühl, dass wir in dieser Siedlung bleiben würden. An einem gewissen Punkt konnten wir dies selbst aber fast nicht mehr glauben und haben die Zügel in die Hand genommen - und beinahe eine falsche Entscheidung getroffen. Für mich ist die Geschichte, wie wir unser Haus bekommen haben, eine stetige Erinnerung daran, dass Gott

- Immer einen Plan für unser Leben hat.
- Er Dinge mit uns realisieren möchte, die uns unmöglich erscheinen.
- Seine Zeitplanung nicht unsere Zeitplanung ist.

Ich sage immer: „Wir haben gesucht, aber Gott hat gefunden!" Treffender ist aber „Wir haben gesucht und Gott hat gegeben!" Ich bin ganz fest davon überzeugt, dass es wichtig und richtig war, kontinuierlich zu suchen und Ausschau nach potentiellen Möglichkeiten zu halten. Es ist aber wichtig, dass wir nie Gott aus den Augen verlieren und ihn mit einbeziehen. Ich durfte auf greifbare Weise erfahren, was es heißt: „Der Mensch plant seinen Weg, aber der HERR lenkt seine Schritte." (Sprüche 16,9). Wir waren dabei, die Hoffnung auf ein Haus in unserer Nähe aufzugeben, aber Gott hat an seinem Plan für unser Leben festgehalten und Segen ausgegossen.

Erst später wurde uns bewusst, dass unser neues Haus die zu der Zeit einzige verfügbare Immobilie im Umkreis von unserem alten Reihenhaus war. Hätten wir einen Kreis um unser Reihenhaus gezogen, war es das einzig freie Haus mit entsprechender Größe. Hätte uns jemand vorhergesagt, dass wir solch ein Haus haben würden, hätten wir es für undenkbar gehalten. Gott hat es aber möglich gemacht. Das Haus ist sogar noch näher an der Arbeit, als zuvor – näher wäre nur noch Home-Office. Es ist die passende Antwort auf unsere heutige Familiensituation. Mittlerweile haben wir vier Kinder und alle haben genug Platz.

Unser Haus kam genau zum richtigen Zeitpunkt. Auch wenn wir über einen längeren Zeitraum gesucht haben, so überschlugen sich die Ereignisse an diesem Freitag innerhalb weniger Stunden. Ich habe mich öfters gefragt, warum? Für mich lautet die Antwort: Gottes Zeitplan ist nicht unser Zeitplan. Wenn wir Gott vertrauen, hat er das Richtige zum passenden Zeitpunkt für uns. Er lässt Dinge geschehen, die wir zeitlich und inhaltlich für unmöglich halten. Er kann es machen, weil er Gott ist! Deshalb muss ich ihm vertrauen.

**ZUM
NACHDENKEN**

NIMM DIR ZEIT UND MACHE DIR GEGEBENENFALLS NOTIZEN!

- Wann und bei welchen Themen strebst du mehr nach deinen Plänen und deinen Gedanken, als zu fragen, was das Beste aus Gottes Sicht für dich ist?

- Wo bist du ungeduldig in deinem Leben und willst das Steuer an dich reißen, anstatt es Gott zu überlassen?

- Was sind deine Beweggründe für Entscheidungen und was sagt Gott dazu?

- In welchen Bereichen fällt es dir schwer, Gott die Kontrolle in deinem Leben zu überlassen?

- Wie kann Gott dir helfen, dass du ihm mehr vertraust?

nächste Seite
PLATZ FÜR NOTIZEN ▸

GEDANKEN

**ZUM
INNEHALTEN**

Vater im Himmel,

ich danke Dir, dass Du mich und mein Leben kennst.

Danke, dass Du meine Bedürfnisse kennst und weißt, was mir gut tut. Du kennst meine Wünsche und meinen Mangel. Du hast den perfekten Plan für mein Leben.

Ich bete, dass Dein Plan in meinem Leben wahr wird.
Vergib mir, wo ich mich in den Mittelpunkt gestellt habe, anstatt Dich. Führe mich und leite mich. Hilf mir Dinge in meinem Leben loszulassen, die nicht von Dir sind. Hilf mir Dir mehr zu vertrauen. Sei Du meine Zuflucht, still Du meine Bedürfnisse und übernimm die Kontrolle in meinem Leben. Ich bitte Dich, gieße göttlichen Segen über mir aus. Ich möchte dir vertrauen, dass Du Dinge zum richtigen Zeitpunkt in meinem Leben wahr werden lässt. Lass mich geduldig sein in Dir, mit tiefem Vertrauen auf Dich, und lass mich zum Segen für andere werden.

Danke, dass Du mich bei jedem Schritt durch diese Welt begleitest.

Im Namen Jesu, Amen.

ER GEBE DIR, WAS DU VON HERZEN WÜNSCHST, WAS DU DIR VORGENOMMEN HAST, LASSE ER GELINGEN!

PSALM 20, 5

WER AUF DAS **HÖRT**, WAS IHM BEIGEBRACHT WIRD, DER **HAT ERFOLG;** UND WER DEM HERRN VER- TRAUT, DER **FINDET GLÜCK.**

MATTHÄUS 7, 24-25

Der Mensch wirft das Los, um Gott zu befragen; und der HERR allein bestimmt die Antwort

SPRÜCHE 16,33

Für alles gibt es eine bestimmte Stunde. Und für jedes Vorhaben unter dem Himmel gibt es eine *Zeit.*

PREDIGER 3,1

Der Mensch plant seinen Weg, aber der HERR lenkt seine Schritte.

SPRÜCHE 16,9

ZWEI

HÄTTE DOCH
BLOSS MAL
JEMAND WAS GEMACHT!

Das Hausexposé hatte eine Aussage zum Hauszustand gemacht, ließ jedoch genügend Interpretationsspielraum: „Der Zustand des Hauses beschreibt weitestgehend das Ursprungsjahr. Es gilt hier umfangreiche Renovierungs- und Modernisierungsarbeiten durchzuführen." Vor der Besichtigung dachte ich mir: „So schlimm kann es doch schon nicht sein" und „immerhin wohnte ja noch jemand drin". Hier und da würden wir etwas anpassen müssen und dann würde das schon werden. Den Garten einmal beschneiden und neue Farbe ans Haus, schon sähe es anders aus. Innen einmal kräftig lüften, Böden reinigen, Fenster putzen, Tapetenwechsel, vielleicht neue Farbe, neue Küche, Leben ins Haus bringen und es würde sicherlich schön sein und der Rest käme mit der Zeit. Geschätzte Umbauzeit: sechs bis acht Wochen. Ha! Wir hatten ja schon erste Erfahrungen gesammelt mit unserem Haus, in dem wir bis dato wohnten. Als wir dies übernommen hatten, wurde eine Umbauaktion von einer Woche gestartet. Komplett neue Böden wurden damals in allen Zimmern verlegt (circa 60 qm), das komplette Haus innen gestrichen, leichte Anpassungen in der Küche gemacht und das Ganze natürlich in Eigenleistung mit tatkräftiger Unterstützung unserer Eltern. Wie schlimm kann also ein Haus mit 160qm Nutz- und Wohnfläche schon sein? Spoiler Alert: Sehr schlimm! - aber das war uns zu dem Zeitpunkt noch ganz und gar nicht bewusst. Per Dreisatz rechneten wir also kurz von 60qm auf 160 qm, also werden aus einer Woche circa drei Wochen. Dass das unrealistisch war, war mir schon klar, denn wir wollten ggf. auch noch die Decken und die Fenster richten. Also doppelt so viel Zeit ansetzen – also als grobe Schätzung sechs bis acht Wochen bis zum Einzug. Diese Einschätzung machte ich ohne große Erfahrung, ohne Besichtigung in meiner Mittagspause, mit viel positivem Denken - und einer ordentlichen Portion Naivität. Doch dann war die Zeit der Besichtigung gekommen.

Gemeinsam trafen wir uns mit dem Immobilienmakler auf dem Parkplatz, der sich circa 30m vom Haus entfernt befindet, und liefen zum Haus. Vorbei am gewohnten Haus an der Ecke, mit Trampolin und Kinderrutsche, dem englischen Rasen und der dunklen Stachelhecke. Auf der rechten Seite das Nachbarhaus, das wir von diesem Blickwinkel bisher nicht gesehen hatten. Durch seine schönen Blumen und den sehr gepflegten Steingarten vor dem Haus schnucklig und wohnlich anzusehen. Auf der anderen Seite konnte man den anderen Nachbarn sehen mit großer Glasüberdachung auf der Terrasse mit passender Grundstücksgröße und dann rechts: „unser" Haus.

Beim Heranlaufen an das Haus haben sich die ersten Gefühle bestätigt. Der Weg war mit Gestrüpp überwuchert und vor dem Haus standen zwei mittelgroße Bäume, wovon einer eine Stechpalme war mit spitzigen Stacheln an den Blättern. Auf dem Weg vom Stellplatz zum Haus haben wir erfahren, dass das Haus zwei Jahre nicht bewohnt gewesen war und vorher eine alte Dame darin gewohnt hatte. Also war der erste Eindruck vom Garten verständlich und auch zu erwarten, denn sicherlich konnte sie nicht mehr viel machen. Völlig normal also, dass sich die Natur auch bei einem Wohnhaus ihr Reich zurückholt. Meine Gedanken waren klar – Motorsäge, Astschere, Spaten und Anhänger und das Thema wäre erledigt. Am Haus angekommen waren die Rollläden runtergelassen. Auch vernünftig, so dachte ich – das Haus sollte ja nicht auskühlen und so gut es ging geschützt sein. Allerdings war die Putzfarbe von außen schon an der einen Stelle an der Vorderseite leicht gelblich. Gut, dies war sicherlich Dreck und mit dem Hochdruckreiniger würde das schon wieder – und sonst würden wir einfach das Haus in den kommenden Jahren mal streichen, so wie meine Eltern es auch immer gemacht hatten. Die 2,5m x 2,5m Glasbausteine am Kellerabgang neben der Türe waren typisch für das Baujahr. Das hatten wir schon oft gesehen. Könnte man drin lassen, dachte ich, oder es käme eben eine neue Scheibe rein – nicht so schlimm, Geschmacksache.

Wir standen vor der Haustür, besser gesagt: vor der Stufe zur Tür. Die davorliegende Kunststoffauffahrrampe zeugte von einer älteren Person, die sicherlich mit dem Rollator unterwegs gewesen war. Nicht unbedingt schön, aber auch nicht störend. Ich weiß gar nicht, wie es sich anfühlt, unser Haus über eine Stufe zu betreten. Die Rampe liegt heute noch dort und tut weiterhin treu ihre Dienste. Tatsächlich bin ich sehr dankbar über diese kleine aber feine Hilfe. Während des Umbaus konnte ich jede Schubkarre ohne große Mühe raus- und reinfahren. Heute fahre ich mit den Inlinern von der Haustüre mit Schwung weg und auch die Kinder sitzen auf dem Roller oder Skateboard und bauen daraus eine Rampe. Beim Blick auf die alte Holzhaustüre mit großem Holzgriff war mir klar: die müsste raus und ersetzt werden. Eine neue Kunststofftüre mit sauberen Dichtlippen und Schließmechanismus müsste her.

Die Türe ging auf und wir traten in ein dunkles Haus. Ein leicht modriger Geruch kam mir entgegen. Die abgestandene Luft weckte Erinnerungen an alte Häuser von alten Menschen, ähnlich wie bei Opa damals als kleines Kind. Aber nicht schlimm, dachte ich mir - Fenster auf und gut wäre es. Doch dann ging die Besichtigung richtig los und mir wurde sehr schnell klar, dass die acht Wochen bis zum Einzug ziemlich unrealistisch waren. Zimmer für Zimmer wurde gemeinsam besichtigt. In jedem Zimmer wurde der Rollladen hochgezogen und das Licht angemacht. Wir sind mitgelaufen und ich habe mir so meine Gedanken gemacht.

Wohnzimmer: alter roter Teppich raus, zweiglasige Holzfenster ohne Verbindungsrahmen raus, und auch die Mid Century Glaslampe im Eck müsste raus. Das Zimmer – ach was: das ganze Haus - müsste unbedingt heller werden!

Küche: alles raus, neu und hell machen, zumal wir im alten Haus kurz zuvor eine neue, helle Küche eingebaut hatten.

Kinderzimmer: dunkle Teppichböden raus, auch hier müssten wir die Fenster vergrößern.

Bad Erdgeschoss: der Plastikspiegelschrank über dem Waschbecken raus, am besten auch das Waschbecken raus, die eleganten blaue Fliesen im 70er Stil – RAUS! Auch hier bräuchte es neue Fenster - sprich: ein komplett neues Bad müsste her.

Zimmer für Zimmer sind wir gemeinsam zu fünft durch das Haus gegangen. Und von Zimmer zu Zimmer wurde meine Liste an gedanklichem Renovationsaufwand immer länger und länger. Man muss klar sagen, dass das Haus theoretisch bewohnbar gewesen wäre. Alles war wie funktionstüchtig, aber da wir ein neues Zuhause auf lange Zeit suchten war dies keine Option - zumal im Kinderzimmer bei Regen Wasser durch den kaputten Türrahmen gedrückt wurde.

MIR WURDEN ZWEI DINGE KLAR:

1 *Das Haus stand im Original bzw. Ursprungszustand vor uns.*

Das Haus, wie wir es besichtigten, war das Haus wie es erbaut und knapp 50 Jahre lang bewohnt worden war. Es gab noch die ersten Fenster, die ersten Böden, sogar die erste Küche, das erste Bad, die erste Heizung und Heizkörper, die erste Toilette, die ersten Leitungen, die ersten Treppenbeläge, die ersten Zimmertüren, selbst die originale Farbe an der Wand, so schien es. Hier war wirklich nie etwas gemacht worden.

2 *Das Haus war am Ende.*

Die Räume, die Fenster, die Badewanne, die Toiletten, die Böden, die Küche, der Einbauschrank im Flur, auch die Rollläden, die nicht mehr zu 100% verdunkelten, waren am Ende ihrer Laufzeit. Sie wurden über knapp 50 Jahre benutzt. Das Haus wirkte müde und erschöpft.

Das Haus war wie ein Auto, das über viele Jahre gefahren wurde, bei dem aber die Verschleißteile nie erneuert worden waren. Es wurde gefahren und gefahren. Getankt. Und wieder gefahren und gefahren. Zwischendurch gereinigt und mal aufgehübscht (wenn überhaupt) und dann weitergefahren. Mittlerweile war es ein Oldtimer, aber leider nie komplett auseinander gebaut worden. Dies war nun unsere Aufgabe.

Raum für Raum haben wir uns angeschaut, vom Erdgeschoss ins Untergeschoss und wieder nach oben. In jedem Raum sahen wir auf Anhieb, was man erneuern musste. Doch zugleich startete auch ein Prozess in uns, denn in jedem Raum haben wir etwas gesehen – die Zukunft. Die Zukunft für uns und unsere Familie. Wir hatten eine Vision für jeden einzelnen Raum. Wir wollten daraus ein Heim machen, die alte Schachtel in einen Oldtimer mit Stil und Fahrfreude verwandeln. Diese Vision beinhaltete zunächst:

- *Im Wohnzimmer eine ganze Außenwand rauszuhauen und ein bodentiefes Fenster einzusetzen, sodass der Wohnbereich lichtdurchflutet wurde.*
- *Das Bad um einen halben Meter zu verbreitern und eine neue Wand zu mauern, sodass Dusche und Badewanne Platz bekamen.*
- *Einen Durchbruch zwischen Küche und Wohnzimmer zu machen, um den Wohnbereich zu vergrößern und offener zu gestalten.*
- *Die Heizung vom Heizraum in den Technikraum zu verlagern, um einen weiteren Kellerraum zu gewinnen.*
- *Eine Einliegerwohnung mit separatem Eingang zu realisieren.*

Auch wenn wir während der Besichtigung nicht alles zu 100% überblickt haben, so war uns bald klar, dass das Haus komplett saniert werden musste. Der Zustand hatte bereits eine handvoll Interessenten vor uns abgeschreckt. Für uns war das jedoch kein Problem. Wie naiv wir doch waren! Hätten wir auch nur geahnt, wie hart die folgenden Jahre werden würden, wären wir sicher abgeschreckt gewesen, das Haus zu kaufen. Es waren eineinhalb Jahre, bevor an Einzug überhaupt zu denken war. Eineinhalb Jahre, die wir Wochenende für Wochenende auf der Baustelle verbrachten. Eineinhalb Jahre, in denen wir körperlich, mental, emotional und vor allem in unserer Ehe an unsere Grenzen kamen (siehe Kapitel 10). Wir hatten nicht geahnt, dass es so lange dauern würde und alles nur, weil die Vorbesitzer 50 Jahre lang keinerlei Renovationen vorgenommen hatten.

Rückblickend wäre alles nicht so schlimm gewesen, wenn wir nur einen Teil vom Haus renovieren oder auch sanieren hätten müssen. Wenn wir nur die Fenster und das Bad erneuern hätten müssen, oder lediglich neu verputzen und neu fliesen hätten müssen. Dies war aber leider nicht der Fall. Wir mussten alles neu machen, bis runter auf die Grundmauern. Hätte jemand an dem Haus über die letzten 50 Jahre kontinuierlich gearbeitet, wäre der Zustand nicht so desolat gewesen. Eine regelmäßige Erneuerung einzelner Zimmer, einzelner Elemente am und im Haus über die letzten fünf Jahrzehnte hätten das Haus nicht in dem Zustand hinterlassen, wie wir es vorgefunden haben. Natürlich wäre es für uns toll gewesen, wenn wir weniger hätten machen müssen, aber auch der Verkaufspreis wäre so sicherlich um einiges teurer gewesen. Nach Rücksprache mit einem befreundeten Bauingenieur sind wir allerdings zu dem Schluss gekommen, dass eine kontinuierliche Renovierung über die letzten 50 Jahre im vergleichbaren Umfang günstiger gewesen wäre. Dies hätte dazu geführt, dass das Haus in einem besseren Zustand gewesen wäre und somit auch einen besseren Verkaufspreis erzielt hätte. Kleine kontinuierliche Schritte über einen langen Zeitraum hätten einen riesigen Effekt haben können.

DIESES PRINZIP IST FÜR MICH AN ZWEI BEISPIELEN SEHR DEUTLICH SICHTBAR GEWORDEN.

1 | Das Haus unserer Nachbarin:

Gleiches Haus, nahezu gleicher Grundriss, gleiche Bauweise, gleiche Bausubstanz/ Baumaterialen - es gibt nur einen wichtigen Unterschied: Das Haus steht top da, könnte heute verkauft und morgen bezogen werden. Und das aus einem einfachen Grund: es wurde kontinuierlich am Haus gearbeitet, erneuert und renoviert.

2 | Mein Elternhaus:

40 Jahre alt und in einem extrem guten Zustand. So gut, dass man nicht mal die Möbel tauschen müsste, da meine Eltern auch ausstattungstechnisch – meiner Mutter sei Dank! - im-

mer mit der Zeit gegangen sind. Im Durchschnitt haben sie alle fünf Jahre eine größere Renovation bzw. Erneuerung durchgeführt. Mal wurde ein Erker angebaut, mal die Küche rausgehauen, ein Wintergarten angebaut, Terrasse und Garten neu angelegt, oder mal wurde dem Haus und dem Dachgiebel ein neuer Anstrich verpasst.

Selbstverständlich waren die Renovierungs- und Erneuerungsarbeiten an meinem Elternhaus anstrengend. Sie waren für meine Eltern mit Stress, Dreck und viel Arbeit verbunden und sicherlich haben auch die Nerven darunter gelitten. Zum Beispiel als die Wand im Wohnzimmer für einen Anbau rausgeschlagen wurde und nur eine Folie für zwei Wochen die Außenwand des Hauses darstellte und man ohne Probleme hätte ins Haus einsteigen können. Das alles, während fünf Kinder großgezogen wurden. Allerdings waren die Zeiträume der Renovationen überschaubar. Eine Woche für eine neue Küche, zwei Wochen Bad erneuern, zwei Tage Haus streichen, neue Fenster über einen Zeitraum von zwei Wochen, etc. Der wichtigste Punkt war jedoch ein anderer: Zwischen jeder Renovierungsaktion war Zeit zum Genießen; Zeit, um sich zu erholen; Zeit füreinander. Diese vielen kleinen Schritte kamen meinen Eltern sicherlich jedes Mal groß vor, aber sie waren immer in sich abgeschlossen. Man hatte danach Zeit, zur Ruhe zu kommen und sich an dem Erreichten zu erfreuen.

Daran war bei uns erst nach eineinhalb Jahren überhaupt zu denken. Zwischendurch haben wir uns natürlich gefreut, wenn gewisse Gewerke abgeschlossen waren, aber die nächste Aufgabe stand bereits an. Erst nach dem Einzug, und auch nicht direkt im Anschluss, sondern schätzungsweise mindestens ein Jahr später, haben wir angefangen, wirklich zu genießen und uns zu Hause zu fühlen. Es hat gedauert - lange gedauert! - aber wir sind dankbar, dass wir es jetzt erreicht haben. Unsere Gedanken während des Umbaus waren oft: Hätte doch jemand in den 50 Jahren zuvor was am Haus gemacht. Nicht viel, nur kleine Schritte und kontinuierlich, dann wäre die Sanierung nicht in diesem Maße nötig gewesen. Wir hätten nicht so viel Arbeit gehabt, nicht so viele Diskussionen und es hätte uns nicht so viele Nerven gekostet. Es wäre anstrengend gewesen, keine Frage, aber wir wären persönlich jeder für sich nicht so weit an unsere Grenzen gekommen. Unsere Ehe wäre nicht so weit an den Rand gedrängt worden. Vieles wäre beim Umbau einfacher gegangen, aber leider war dies nicht der Fall. Und alles nur, weil man nicht kontinuierlich daran gearbeitet hatte.

Projiziert auf mein Leben zeigt es mir, dass ich mein Leben nicht einfach vor mich hinleben kann. Ich könnte zwar immer leben ohne in den Rückspiegel zu schauen, gefühlt auch ohne Konsequenzen, aber dann akzeptierte ich lediglich den Status Quo. Es gäbe keine Entwicklung. Ich würde nicht mehr an mir arbeiten. Ich würde mich arrangieren mit dem, was ich habe und bin – mein Leben schiene zu funktionieren, wie mein Haus. Aber in Wirklichkeit wäre es am Ende. Und tief in mir drin wäre mir das auch bewusst.

Irgendwann wird es aber zu Veränderungen in meinem Leben kommen, ob ich will oder nicht, ob durch externe Umstände oder andere Menschen. Ich muss mich dann entscheiden, wie und ob ich an mir arbeiten möchte. Jemand anders wäre vielleicht in unser Haus eingezogen und hätte nur das Nötigste gemacht, aber dann wären das Chaos und der Aufwand nur noch größer geworden, wenn wirklich eine Sanierung unumgänglich gewesen wäre. Wenn ich nur vor mich hinlebe und nie an mir und meinen Lebensbereichen arbeite wird es irgendwann harte Arbeit - verdammt harte Arbeit! – dann wenn Veränderungen unumgänglich werden.

Ich habe gelernt, an Themen in meinem Leben kontinuierlich zu arbeiten um nicht am Ende zu erkennen, dass die Baustelle zu groß ist. Die Gefahr besteht sonst, dass ich es nicht mehr schaffe und es selbst mit externer Hilfe (z.B. Beratung o.ä.) zu spät ist. Je länger ich warte, um Themen in meinem Leben in Ordnung zu bringen, desto anstrengender wird es, sie wieder gerade zu biegen.

Ein schlechter Lebensstil im Modus „nach mir die Sintflut" (in allen Lebensbereichen – Ehe, Gesundheit, Freunde, Finanzen, etc.) lässt sich nicht über Nacht in den Griff bekommen. Es reicht nicht kurz mal eine „Operation am Leben" durchzuführen und alles ist wieder gut. Wenn ich es richtig machen will, ist harte Arbeit notwendig. Harte Arbeit, die sich lohnen wird, aber extrem anstrengend ist und viel von mir fordert.

Das bessere Vorgehen ist es daher, immer wieder einen Schritt nach dem anderen in die richtige Richtung zu machen; kontinuierlich an mir zu arbeiten, in allen Lebensbereichen. Dann kostet es mich weniger Kraft und ich sehe auch kurzfristig, wie ich mich entwickelt habe. Ich mache kleine Schritte mit mehreren Erfolgserlebnissen, was mich wiederum motiviert,

JE LÄNGER ICH WARTE, UM THEMEN IN MEINEM LEBEN IN ORDNUNG ZU BRINGEN, DESTO ANSTRENGENDER WIRD ES, SIE WIEDER GERADE ZU BIEGEN.

weiter zu machen. Ich kann diesen neuen Zustand auch reflektieren und merke, wo noch nachjustiert werden muss - und dies mit überschaubarem Aufwand. Wer zum Beispiel durch Joggen Gewicht abnehmen will, der läuft auch nicht beim ersten Mal einen Marathon, sondern tastet sich Schritt für Schritt heran. Durch eine Kontinuität wird es nach und nach einfacher und man sieht Erfolge.

Ich habe gelernt, in meine Themen auch meine Frau mit einzubeziehen. Als mein bester Berater versteht sie mich und meine Situation und kann mir Tipps geben. Sie hat einen anderen Blick auf die Dinge und sie hilft mir kontinuierlich, dass ich mich weiterentwickeln kann. Gelingt es mir immer auf Anhieb? Nein. Aber ich weiß, dass ich auf dem richtigen Weg bin.

ZUM NACHDENKEN

NIMM DIR ZEIT UND MACHE DIR GEGEBENENFALLS NOTIZEN!

- *In welchen Bereichen deines Lebens lebst du einfach vor dich hin, ohne an dir zu arbeiten? (z.B. deine Ehe, deine Freundschaften, dein Körper, deine Finanzen, deine Gesundheit, etc.)*

- *Welche Themen schiebst du schon zu lange vor dir her? Wo fällt es dir schwer, Veränderung in deinem Leben zuzulassen?*

- *Wenn du es aus eigener Kraft nicht schaffst an Themen zu arbeiten, wer könnte dir helfen, Schritt für Schritt kleine Verbesserungen vorzunehmen?*

- *Welchem Menschen vertraust du, dass er dich bei deinen „Lebensrenovierungsprojekten" unterstützt, dich nicht verurteilt, sondern hinter dir steht?*

- *Nimm dir wenige und kleine Schritte vor, vielleicht zunächst nur einen Lebensbereich – dafür aber kontinuierlich. Entscheidend ist nicht Quantität, sondern Qualität!*

- *Erzähle anderen, wo du an dir gearbeitet hast und Frage nach Feedback.*

nächste Seite
PLATZ FÜR NOTIZEN ▶

GEDANKEN

**ZUM
INNEHALTEN**

Vater Im Himmel,

ich danke Dir für den Segen, den Du bisher über mein Leben ausgegossen hast. Ich danke Dir, dass Du mich kennst und ich mich bei Dir nicht verstellen muss. Danke, dass Du mir helfen möchtest, dass ich Dir Schritt für Schritt ähnlicher werde. Du kennst die Themen in meinem Leben, in denen ich es bisher gescheut habe Veränderung zuzulassen.

NENNE SPEZIELLE BEREICHE IN DEINEM LEBEN, WO DU MERKST, DASS VERÄNDERUNG NOTWENDIG IST.

Vergib mir, wo ich mein Leben ohne Rücksicht auf Dich oder Andere gelebt habe. Vergib mir, wo ich das Geschenk des Lebens nicht realisiert habe. Ich bitte Dich von Herzen, gib mir die Kraft, Dinge in meinem Leben zu ändern, die ich schon zu lange vor mir herschiebe. Hilf mir dran zu bleiben, um Schritt für Schritt Dir ähnlicher zu werden. Gib mir die Ausdauer und Motivation, um kontinuierlich an mir zu arbeiten. Verändere mich, dass ich dadurch für Andere zum lebenden Beweis Deiner Herrlichkeit werde.

Im Namen Jesu, Amen.

Fürchte dich nicht, denn ich bin mit dir! Habe keine Angst, denn ich bin dein Gott! Ich stärke dich, ja, ich helfe dir, ja, ich halte dich mit der Rechten meiner Gerechtigkeit.

JESAJA 41,10

WIR ALLE ABER SCHAUEN MIT AUFGEDECKTEM ANGESICHT DIE HERRLICHKEIT DES HERRN AN & WERDEN SO VERWANDELT IN DASSELBE BILD VON HERRLICHKEIT ZU HERRLICHKEIT, WIE ES VOM HERRN, DEM GEIST, GESCHIEHT.

2. KORINTHER 3, 18

Ich bin der Weinstock, ihr seid die Reben. Wer in mir bleibt und ich in ihm, der bringt viel Frucht; denn ohne mich könnt ihr nichts tun.

JOHANNES 15,5

DREI

HINTER
DER FASSADE

Das Haus war besichtigt, die lange Liste der notwendigen Sanierungsmaßnahmen war gemacht und schließlich haben wir das Haus gekauft. Kurz vor Weihnachten 2016 wurde es zu „unserem" Haus. Der erste Blick war, wie gesagt, gar nicht so schlimm - aber beim näheren Hinschauen wurde uns langsam klar, was da auf uns zukam. Für uns war klar, dass wir keine halben Sachen machen wollten. Entweder ganz oder gar nicht! Schnell kam in mir aber auch die Frage auf: „Mensch Junge, was hast du dir da nur ans Bein gebunden?"

Die Liste an Sanierungsmaßnahmen war sehr lang geworden. Erste Schritte mussten getan werden. Los gings mit dem Rückbau. Rückblickend haben wir öfter gesagt, eine Abrissparty wäre das Richtige gewesen. Einmal im Leben im eigenen Haus volle Sause machen mit Freunden und Bekannten. Eine gemeinsame Feier ohne am nächsten Morgen zu diskutieren, warum man den Wildschweingrill im Wohnzimmer aufgestellt hat. Ohne Probleme hätte es ein Lagerfeuer im Garten geben können. Auch die Größe wäre tendenziell egal gewesen. Hauptsache, die unbehandelte Deckenholzkonstruktion hätte man am nächsten Morgen als Aschedünger verteilt, um somit einen guten Nährboden für die kommenden Jahre zu schaffen. Am Ende der Party jedem noch ein Stück Bad oder Küche mitgeben mit dem Hinweis: „Bitte vorne in den Container schmeißen." Und schon wären wir fast fertig gewesen.

Zur Party kam es nie und so habe ich einfach mal mit der Tapete angefangen. Das Haus hat nach und nach angefangen zu atmen. Während der Entkernung kamen jedoch immer mehr unerwartete Herausforderungen ans Licht.

Im heutigen Kinderzimmer haben wir den alten Teppichboden rausgerissen und schnell bemerkt, dass die Holztür zur Terrasse total verrottet war und bereits bei leichtem Regen Wasser durch den Spalt zwischen Rahmen und Boden drückte. Nicht viel, aber genug um zu wissen, dass alles raus musste. Schritt für Schritt haben wir uns an vielen Ecken im Haus sprichwörtlich an den Kern rangemacht und nach und nach hat das Haus uns immer mehr seiner unschönen Geheimnisse offenbart.

Die Holzdecke im Wohnzimmer war mit wenigen Handgriffen heruntergezogen und auch die darüberliegende Glaswolle zeigte Feuchtigkeitsspuren. Das Holz wurde klein gesägt und war dann fertig für den Abtransport. Doch was uns im obersten Winkel unter dem Dach erwartete, hatte ich noch nie gesehen. Ganz oben am Dachfirst, wo ältere Häuser die Dachlüftung haben, war ein verlassenes Wespennest. Ein Riesennest mit Abmaßen von 50cm x 60 cm. Die Verbindung zur Außenwelt war durch die Luftlöcher im Dach gegeben, wo die Wespen einen großen Zugang gebaut hatten. Ich habe keine Ahnung wie lange das Nest bereits dort gewesen war. Fakt ist aber, dass tausende Wespen sich über einem Wohnraum Platz gemacht hatten und es womöglich nie jemand gemerkt hatte. Neben dem großen Nest war noch durch einen anderen Eingang ein zweites Kleineres. Dies bedeutete, dass es mindestens zwei Jahre unterm Dach sprichwörtlich zugegangen war wie im Bienenstock, aber anscheinend hatte es niemanden gestört, bzw. niemand hatte etwas dagegen unternommen. Gleich zu Beginn musste auch die Küche raus, da klar war, dass neue Anschlüsse notwendig waren. Zwei der Küchenschränke habe ich heute noch als Werkbank, aber der Aufwand diese zu putzen und wieder in Form zu bringen war enorm. Die Arbeitsplatte und die Schränke inkl. dem Herd waren reif für den Recyclinghof. Hinter den Schränken an der Wand und am Boden fand man so mancherlei – 50 Jahre alte Sachen, Staub und die eine oder andere trockene Nudel. Aufgrund der schlechten Belüftung hatte sich hinter dem Kühlschrank über die Jahrzehnte an der kompletten Wand Schimmel gebildet. Dieser hat uns dann auch noch im Kinderzimmer unter der Tapete in den oberen

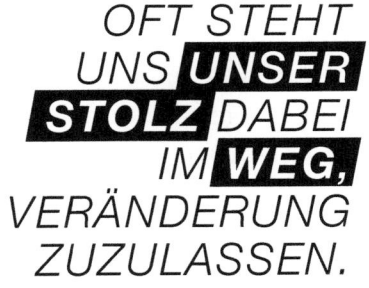

OFT STEHT UNS UNSER STOLZ DABEI IM WEG, VERÄNDERUNG ZUZULASSEN.

Ecken erwartet. Meine Befürchtung war, dass der Schimmel bis in die Wand ging, aber glücklicherweise war er nur oberflächlich. Heute haben wir dank eines Kalkputzes ein hervorragendes Raumklima, aber bis dahin war es noch ein weiter Weg. Schimmel im Wohnbereich ist mit das schlechteste für die Gesundheit! Vielleicht wurde es nicht bemerkt oder einfach nicht behoben. Teilweise haben wir uns speziell an den Ecken überlegt mit Maske zu arbeiten, was aber nicht notwendig war, da während dem Rückbau meist das ganze Haus auf Durchzug war.

Wir haben uns sehr schnell entschieden, dass wir im ganzen Haus eine Fußbodenheizung einbauen wollten. Wir konnten somit auf Heizkörper verzichten und konnten unsere Fensterflächen maximal vergrößern. Zur Vorbereitung der Fußbodenheizung war es wichtig, dass der komplette Boden inkl. Estrich entfernt wurde. Doch warum war der Estrich so dunkel? Nach einer Materialanalyse im Labor war klar, dass es sich um Gussasphalt mit Bitumenbestandteilen handelte. Das Problem: die Entsorgung musste als Sondertransport von statten gehen, verbunden mit immensen Extrakosten. Man konnte das Zeug nicht einfach so auf den Hänger schmeißen und zum Wertstoffhof fahren und wieder abladen. Der Estrich war jedoch nur ein Teil vom Boden. Darunter kam alte Hochofenschlacke zum Vorschein, die früher zur Dämmung eingesetzt wurde. Dies bedeutete auch wieder zusätzlichen Aufwand und bedurfte einer speziellen Entsorgung. Auch wenn die Materialien zur damaligen Zeit nicht schlecht waren und tendenziell zur soliden Bauweise des Hauses beigetragen hatten, so war es nun umso schwieriger, sie zu entsorgen.

Je mehr wir rausgerissen haben und je weiter wir zum Kern des Hauses vorgedrungen sind, umso mehr Herausforderungen kamen auf. Parallel durfte ich aber auch feststellen, dass die Bausubstanz vom Haus top war. Gutes Material, das die vergangenen 50 Jahre gut überstanden hatte. Die nackten Mauern, das Dach, die Wände waren in sauberem Zustand. Die Basis für eine erfolgreiche Sanierung war hierdurch grundsätzlich gegeben.

Und doch war die Krönung ein Abflussrohr in der Bodenplatte im Keller, das von uns freigelegt wurde. Das Waschbecken im Kellerbad, der heutigen Einliegerwohnung, hatte einen Abfluss. Dieser mündete in ein Gussabflussrohr in der Bodenplatte, was jedoch nicht durch einen Deckel oder eine Muffe verschlossen war. Der Waschbeckenabfluss wurde nur rudimentär reingesteckt und dann zugemauert. Wir haben noch einen alten zusammengeknüllten Betonsack am Rande des Rohrs gefunden, der vielleicht als Pseudodichtung hätte fungieren sollen. Heute unvorstellbar, dass dies so funktioniert hat. Vielmehr noch: unglaublich, dass kein Wasser rückwärts in der Kanalisation in Richtung Haus gedrückt hat (mehr zum Thema Wasser im Keller siehe Kapitel 7) und somit die Wand oder etwas anderes beschädigt hat, aber es war nichts der Art zu erkennen. Es gab keine Schäden oder Feuchtigkeit an der Wand. Mit etwas Abstand betrachtet war das Haus nicht schlecht, aber bei genauerem Hinsehen kamen viele Dinge ans Licht. Man könnte sagen: außen hui und innen pfui, aber ganz im Inneren war es glücklicherweise solide und hervorragend gebaut. Der Rückbau und das Rausreißen der Einrichtung (wie z.b. Bad) über einen Zeitraum von circa 2-3 Monaten hat Schritt für Schritt das wahre Haus offenbart. All diese Themen hatten logischerweise auch Auswirkungen auf meinen Zeitplan und die damit geplanten Sanierungskosten. Der zusätzliche Zeit- und Kostenaufwand wurde erst allmählich ersichtlich. Das Freilegen jeder einzelnen Leitung (Elektrik und Sanitär), das Rausschlagen einer Wand, usw. - all das hat dazu beigetragen, dass ich wusste, womit ich es zu tun hatte.

Heute bin ich sehr froh darüber. Ich weiß, worauf mein Haus gebaut ist, ich kenne seine Substanz, was es ausmacht und auch seine Macken. Ist dies schlimm? Nein. Ganz im Gegenteil! Ich bin froh, dass ich weiß, wo vielleicht mal was aufkommen könnte, oder wo ich aufpassen muss. War es immer angenehm mit neuen Themen überrascht zu werden? Nein. Trotzdem bin ich froh, dass es so war. Ich kannte meine Aufgaben und wusste genau, woran ich arbeiten musste.

Unser Haus ist zu dem geworden was es ist, weil darin ganz normal gelebt hat. Es wurde nur ein essentieller Fehler gemacht: Man hat sich nicht die Zeit genommen, hin und wieder das wahre Wesen des Hauses zu betrachten. Fünfzig Jahre lang lebten unsere Voreigentümer hier. Mit der Zeit kam das Haus in die Jahre – eine Realität, vor der die Bewohner offenbar ihre Augen verschlossen hatten. Irgendwann war ihr Haus eben nicht mehr der schicke neue Bungalow, in den sie einst eingezogen waren. Im Nachhinein denke ich, es wäre schön gewesen, in das Haus zu laufen und alle Macken und Fehler direkt zu sehen. Klare Termin- und Kosteneinschätzungen wären so möglich gewesen. Auf der anderen Seite ist die Frage valide, wie es gewesen wäre, wenn wir vor dem Kauf alles gewusst hätten. Hätten wir das Haus gekauft, wenn wir all die Themen und Probleme auf Anhieb gesehen hätten? Oder hätten wir dann gesagt: „Nein, Danke – zu viel Arbeit." Wir hätten, denke ich, das Haus trotzdem gekauft, denn es war das Beste für uns. Wir würden es immer wieder kaufen, das sagen wir uns auch heute noch. Hätte man jedoch alles vorher gewusst, wäre es nicht so anstrengend geworden für uns als Familie und als Ehepaar.

Mein Haus hatte seinen Bewohnern viele Jahre lang treu gedient und war doch schändlich vernachlässigt worden. Allzu oft geht es uns leider genauso. Nicht selten verweilen wir in Beziehungen, die nur oberflächlich sind, die vielleicht von Unehrlichkeit und Misstrauen geprägt sind und uns im schlimmsten Fall sogar schaden. Wir werden ausgenutzt oder vernachlässigt. Wir verbleiben in diesen Beziehungen, weil wir bequem sind und wir pflegen sie nicht besser, weil sie es uns nicht wert sind. Es ist oft nicht mal Boshaftigkeit, die den Anderen unseren Mangel übersehen lässt, sondern einfaches Desinteresse. Langfristig gehen Beziehungen und Freundschaften jedoch in die Brüche oder „man lebt sich eben auseinander", wenn nicht kontinuierlich daran gearbeitet wird. Dazu gehört der Wille, wirklich zueinander durchzudringen. Zu erfahren, was den Anderen im Kern ausmacht. Mauern einzureißen um zum Inneren meines Gegenübers durchzudringen – auch, wenn es weh tut. Gemeinsam durch dick und dünn zu gehen und auch Schwierigkeiten und Konflikte nicht zu scheuen. Zu einem gesunden Miteinander gehört Mut; Mut zu Ehrlichkeit und Authentizität sowie Mut zur Veränderung. Und letztlich auch der Mut, Veränderungen zu erkennen und sich zu verabschieden von Menschen, die einem kein wahres Interesse (mehr) entgegenbringen.

In unserem persönlichen Leben verhält es sich ähnlich. Wer lässt sich schon gern hinter die Fassade gucken? Stück für Stück nur erlauben wir es unseren Mitmenschen, unser wahres Ich kennenzulernen. Das ist natürlich auch richtig so. Aber manchmal bauen wir Mauern um uns herum auf, weil wir uns davor scheuen, dass jemand zu unserem Kern vordringen könnte. Freundschaften werden infrage gestellt, weil ein wohlwollender Mitmensch

SEI *AUTHENTISCH* *UND SEI DU SELBST. SEI, DER* *DU BIST* *UND* *VERSTELLE DICH NICHT.*

es sich herausnimmt, wunde Punkte anzusprechen. Oft steht uns unser Stolz dabei im Weg, Veränderung zuzulassen.

Auch Angst spielt eine Rolle. Der Gegenüber könnte das Interesse an mir verlieren, wenn es nur wüsste, wie es wirklich in mir aussieht. Dabei ist doch das Gegenteil der Fall: Wer sich ehrlich für mich interessiert, der möchte wissen, was mich im Kern ausmacht. Wer sein Leben mit mir verbringen will, dem ist daran gelegen, zu wissen, mit wem er es zu tun hat. So, wie es uns wichtig war, unser Haus komplett auseinander zu nehmen, jede Ecke zu säubern, und jede Vernachlässigung zu beheben, damit das Haus wieder seiner Bestimmung gerecht werden kann: Heimat bieten. Zu Hause fühlen wir uns bei den Menschen, bei denen wir ganz wir selbst sein dürfen.

Darum will ich dir Mut zusprechen: Sei authentisch und Sei du selbst. Sei, der du bist und verstelle dich nicht. Lass deine Mauern, die du über die Jahre in deinem Leben hochgezogen hast, fallen. Vielleicht bei der Arbeit, im Verein, bei Freunden, in der Kirche oder im schlimmsten Fall in der Familie oder sogar in der Ehe. Wenn wir uns trauen, gegenüber dem Anderen offen und ehrlich zu sein, unser wahres Ich zu offenbaren, dann wird dies schlussendlich befreiend sein. Natürlich gibt es schwere Themen, unangenehme Probleme und es wird nicht immer leicht sein, sich dem Gegenüber zu offenbaren. Wenn ich aber mutig bin und mit dem Willen herangehe, Dinge positiv zu verändern, werde ich am Ende gestärkt und zufriedener aus der Situation rausgehen.

ZUM NACHDENKEN

NIMM DIR ZEIT UND MACHE DIR GEGEBENENFALLS NOTIZEN!

- Welche Mauern hast du in deinem Leben in unterschiedlichen Bereichen aufgebaut?

- Warum fällt es dir schwer bei (manchen) Menschen dein wahres Ich zu zeigen? Wovor hast du Angst?

- In welchem Bereich würdest du gerne dein wahres Ich zeigen?

- Du bist nicht alleine! Niemand ist perfekt - jeder hat seine Makel!

- Wer kann dir helfen, Schritt für Schritt deine Mauern abzubauen?

- Wenn Gott für dich ist, wer kann gegen dich sein, wenn du ehrlich und mit offenem Herzen dem anderen gegenübertrittst?

- Gott liebt dich nicht, weil du so wertvoll bist, sondern du bist wertvoll, weil Gott dich so liebt. [Dietrich Bonhoeffer]

nächste Seite
PLATZ FÜR NOTIZEN ▶

GEDANKEN

— GEBET

ZUM INNEHALTEN

Vater im Himmel,

ich danke Dir dafür, dass Du mich nach deinem Abbild geschaffen hast. Ich danke Dir dafür, dass Du mich von Beginn an kennst und mich liebst. Du kennst mein wahres Ich, ohne Masken. Bei Dir muss ich mich nicht verstellen. Ich bitte Dich, hilf mir Schritt für Schritt die Masken abzulegen und die Mauern in meinem Leben einzureißen.

Hilf mir die Maske ...
BENENNE DIE MASKE, DIE DU ABLEGEN MÖCHTEST ab-zunehmen & (NENNE DIE PERSON/EN) ehrlich mit einem offenen Herzen gegenüberzutreten.

Durch Dich bin ich perfekt geworden. Weil Du für mich starbst, bin ich genug. Hilf mir dabei, kleine Schritte zu gehen. Ich bitte Dich, nimm mir die Angst als Versager oder Lügner dazustehen, wenn ich mich traue, meine Maske zu offenbaren. Schenke mir Menschen in meinem Leben, die mich annehmen, wie ich bin. Hilf mir, dass ich Dir Schritt für Schritt ähnlicher werde.

Im Namen Jesu, Amen.

ICH DANKE DIR DAFÜR,
DASS ICH WUNDERBAR
GEMACHT BIN;

WUNDERBAR

SIND DEINE WERKE; DAS
ERKENNT MEINE SEELE.

PSALM 139,14

Gelobt sei Gott, der Vater unseres Herrn Jesus Christus, der uns gesegnet hat mit allem geistlichen Segen im Himmel durch Christus. Denn in ihm hat er uns erwählt, ehe der Welt Grund gelegt war, dass wir heilig & untadelig vor ihm sein sollten in der Liebe.

EPHESER 1, 3 & 4

WEIL DU TEUER BIST IN MEINEN AUGEN & HERRLICH & WEIL ICH DICH LIEBHABE, GEBE ICH MENSCHEN AN DEINER STATT UND VÖLKER FÜR DEIN LEBEN. JESAJA 43, 3

VIER

WUNDEN HEILEN,
NARBEN BLEIBEN.

Nach dem Hauskauf war klar, dass wir so viel selbst Hand anlegen wollten, wie möglich. „Selbst ist der Mann" war das Motto und dies versuchte ich mit tatkräftiger Unterstützung vieler Helfer umzusetzen. Vor allem das Rausreißen war etwas für jedermann. Als es später nach und nach darum ging, den Wiederaufbau zu gestalten, gingen wir vom Groben ins Feine. Auch hier gab es einen Lerneffekt. Zum Glück muss man die Gipskartonplatten nicht auf den Millimeter genau verlegen, denn der Rest wird sowieso verputzt. Wo immer möglich wurde also selbst Hand angelegt.

Von Beginn an war klar: Wo gehobelt wird, da fallen Späne. Sprich: es kann etwas kaputt gehen. Jeglicher Verschleiß an Material, Maschinen oder am Haus war zu einem gewissen Grad normal, denn es wurde ja gearbeitet. Doch körperliche Schäden waren natürlich nicht erwünscht. Weder bei mir noch einem Helfer wollte ich einen körperlichen Schaden sehen. Man kannte Geschichten, dass jemand vom Gerüst gefallen und danach querschnittsgelähmt war, oder dass jemand einen Finger verloren hatte. So etwas wollte ich auf gar keinen Fall auf meiner Baustelle erleben! Da dies aber immer Unfälle sind, ist man davor nicht bewahrt. Ich wollte also alle möglichen Absicherungen und Vorkehrungen treffen, um solch ein Risiko auf meiner Baustelle zu minimieren. Vor allem ging es mir dabei um potentielle Langzeitauswirkungen, falls etwas geschehen sollte. Aus diesem Grund habe ich als verantwortungsvoller Bauherr eine Versicherung abgeschlossen im Falle einem Helfer passiere etwas auf meinem Bau. Was für ein Gedanke wäre es gewesen, wenn einem Freund, meinen Geschwistern oder meinem Vater bei uns etwas geschehen wäre?

Über den kompletten Umbau von 18 Monaten mit mehr als 1000 Stunden Eigenleistung und unzähligen gefahrenen Kilometern, waren von 177 Arbeitstagen genau 176 Tage unfallfrei – aber an einem Tag geschahen gleich zwei Unfälle. Zwei Begebenheiten, die beide in der Notaufnahme endeten, aber glücklicherweise ohne langfristige Folgeschäden blieben und mit einem sehr schnellen Heilungsverlauf. Zum Glück also nichts Schlimmes - und der schlimmere von beiden Unfällen ist mir passiert.

Montag, der 24. Juli 2017 war zwei Tage bevor alle neuen Fenster eingebaut werden sollten und wir mussten noch zwei Fenster vorbereiten, die zwei größten im Haus. Das Wohnzimmerfenster mit 2,5m x 2,5m gab es zu dem Zeitpunkt noch nicht und so mussten wir durch eine 30cm dicke Außenziegelwand das Loch für das bodentiefe Fenster erst rausspitzen. Im Nachgang ist man immer schlauer und so würde ich heute die Wand professionell rausschneiden lassen. Damals dachte ich mir, was eine Säge kann, das können auch zwei Schlaghammer und so ging es los. Sechs Stunden lang wurde gemeißelt und der 3kg Vorschlaghammer auch noch zum Einsatz gebracht. Es war unglaublich wie hart die Mauer war, aber letztlich haben wir es geschafft. Kurz vor dem Ende war bei einem Freund ausversehen die Hand zwischen Wand und Hammer geraten und so kam es zu einer Quetschung, die zwar in der Notaufnahme behandelt wurde, aber ohne bleibende Schäden verheilte.

Am Fenster zum Kellerabgang waren ein Freund und ich

am Werk, auch mit einem Schlaghammer. Der Unterschied zum Wohnzimmerfenster war hier, dass das Fenster (2m x 2m) mit einzelnen Glasbausteinen bereits vorhanden war. Aufgrund der schlechten energetischen Werte der Glasbausteine und dem 70er Style wollten wir auch hier ein neues großes Fenster. Also ging es los. Glasbaustein für Glasbaustein wurde sorgfältig rausgespitzt. Reihe für Reihe, Baustein für Baustein – vorsichtig wurde gearbeitet, genau zwischen den Bausteinen, sodass ja kein Baustein kaputt ging und nicht splitterte. Bei einem der Bausteine bin ich ausversehen mit dem Meisel auf das Glas gekommen. Das Glas ist gesprungen und ein etwa faustgroßes Stück Glas fiel sehr nah an meinem linken Arm vorbei runter auf den Boden. Ich habe einen Schritt zur Seite gemacht und den Rest des Bausteins rausgemeißelt. Nach einigen Momenten hat es mich am linken Oberarm gejuckt, ich schaute hin, kratzte mich und sah, dass mein T-Shirt einen Riss hatte. Darunter war eine offene Wunde im Oberarm zu sehen. Circa sieben Zentimeter lang und einen Zentimeter tief. Ein glatter Schnitt, als ob jemand ein scharfes Küchenmesser genommen hätte und einmal entlang gefahren wäre. Ich habe die Maschine abgelegt und Druck auf die Wunde ausgeübt.

Erstaunlicherweise blutete es kaum und kurze Zeit später war ein Heftpflaster drauf, trotzdem mussten wir in die Notaufnahme. Als der Arzt das Pflaster wegmachte, meinte er zuerst „Ach da müssen wir nicht nähen". Als er jedoch die Haut säuberte sprang die Wunde wieder auf mit dem netten Kommentar: „Oh, ich glaube ich sollte doch das Nähzeug holen. Nach 10 bis 12 Stichen war alles vorbei und der angehende Arzt im Praxisjahr war glücklich den einen oder anderen Stich mehr machen zu dürfen (ich wurde vorher gefragt ob es okay ist). Bis heute erinnere ich mich an die nette Frage von ihm: „Darf ich nochmal einen machen?" Antwort von mir: „Logo".

Noch am selben Tag war ich wieder auf der Baustelle und habe mit dem Schlaghammer weitergemacht – ich musste ja bis Mittwoch fertig werden, sodass die neuen Fenster eingebaut werden konnten. Hierbei ist die Wunde leicht aufgegangen bzw. hat wieder schwach angefangen zu bluten. Über die nächsten Tage und Wochen ist dies aufgrund der Arbeit am Haus ab und an passiert. Es war nicht schlau so zu arbeiten, aber ich musste fertig werden und zum Glück ist die Wunde ohne weitere Probleme verheilt.

AUFGRUND VON EINEM KLEINEN FEHLER IST WAS PASSIERT, VON DEM ICH DIE KONSEQUENZEN TRAGEN MUSS.

Heute zeugt nur noch eine lange Narbe von dem Ereignis. Ich sehe die Narbe nahezu jeden Tag. Sie tut nicht weh, ist eher unauffällig, aber sie ist da. Sie erinnert mich immer wieder an diesen Tag und an die komplette Umbauzeit von meinem Haus. Sie ist über die Monate und Jahre signifikant kleiner geworden. Trotzdem ist sie aber da und im Sommer zeigt sie sich mehr, da sie die Bräune nicht so annimmt wie die Haut drum herum.

Der eine sagt vielleicht „Ist doch nichts Großes gewesen", der andere sagt „Glück gehabt", ich sage „Ich hatte Bewahrung" an diesem Tag und während der ganzen Umbauzeit. Es gab noch mehrere Momente beim Umbau wo wir vor physischem Schaden bewahrt wurden, wofür ich sehr dankbar bin.

Der Splitter, der mich traf, war so scharf, dass ich es zunächst kaum spürte. Trotzdem hat er mir die bis dato größte Narbe am Körper beschert. Aufgrund von einem kleinen Fehler, einer Unachtsamkeit, ist was passiert, von dem ich die Konsequenzen tragen muss.

Durch diesen Unfall und meine Narbe wurde mir eine Sache ganz klar: Zugleich bewegt eine Frage aber mein Herz; nämlich - wir werden in unserem Leben durch Eigenverschulden oder Fremdverschulden verletzt, was Narben an uns und in unserem Leben hinterlässt. Was machen wir daraus?

Als geschäftige Menschen auf dieser Welt werden wir kontinuierlich mit anderen Personen in Kontakt treten. Die meisten Menschen gehen zur Arbeit oder sonstigen Verpflichtungen nach. Wir sind stets von Menschen umgeben oder in sozialen Medien unterwegs. Die meisten Menschen nehmen aktiv am Geschehen in dieser Welt teil. Wir sind Teil dieser Welt.

Solange wir auf dieser Welt leben, werden wir nicht davor bewahrt bleiben, Verletzungen zu erfahren. Wir werden immer Gefahr laufen, verletzt zu werden, ob durch Menschen, Taten; emotional, psychisch oder physisch. Manchmal sind wir sogar selbst schuld. Tatsache ist doch, dass jeder von uns schon mal auf unterschiedliche Art und Weise verletzt wurde oder gerade im Prozess ist, mit Verletzung umzugehen. Diese Verletzung(en) sind wie Wunden, die bluten. Ganz egal ob verursacht durch Worte oder Taten. Die Einen bluten länger und die Anderen bluten weniger lang. Doch mit der Zeit

SOLANGE WIR AUF **DIESER WELT** *LEBEN, WERDEN WIR NICHT DAVOR BEWAHRT BLEIBEN,* **VERLETZUNGEN** *ZU ERFAHREN.*

werden diese Wunden zu Narben, die Schritt für Schritt zuwachsen.

Manche Menschen streben danach, nicht verletzt zu werden, indem sie sich zurückziehen und versuchen, um sich herum

Schutzmauern zu errichten. Wie eine Festung, die Ihnen ein Stück Sicherheit gibt. Jedoch haben auch diese Menschen bereits Verletzungen erfahren. Oft wollen wir keine Hilfe dabei, mit unseren Verletzungen umzugehen. Jedoch sind wir gut beraten, wenn wir Profis an unsere Seite holen. Wenn mein Auto kaputt ist, gehe ich zum Automechaniker. Wenn ich Probleme mit der Heizung habe, gehe ich zum Heizungsbauer. Wenn ich einen gebrochenen Fuß habe, gehe ich zum Arzt. Warum glaube ich aber, dass ich Verletzungen in meinem Leben oft selber lösen muss und hier keine Hilfe bekommen kann? Hilfe durch andere Menschen oder Freunde, die in einer ähnlichen Situation schon einmal waren und diese durchgemacht haben? Wir glauben oft, dass wir mit unseren Problemen alleine sind. Aber wir sind doch alle nur Menschen und jede/r hat schwierige Situationen in seinem Leben zu bewältigen.

ES IST ABSOLUT IN **ORDNUNG** *, DASS WIR ANDEREN MENSCHEN NICHT ALLES ERZÄHLEN, ABER MANCHMAL IST ES* **ERMUTIGEND** *VON JEMANDEM ZU HÖREN, DASS ER EINE VERGLEICHBARE GESCHICHTE ERLEBT HAT, UM DARAUS* **ZU LERNEN.**

An dieser Stelle ist mir wichtig klar zu stellen, dass es Verletzungen und Themen im Leben gibt, die durch fachmännische Expertise aufgearbeitet, unterstützt und betreut gehören. Professionelle Hilfe und Austausch sollten dann dringend und zeitnah in Anspruch genommen werden (z.B. bei seelischem oder physischem Missbrauch, Burnout, Depressionen, oder Traumabewältigung). Es ist wichtig, diese Menschen zu unterstützen, denn jedem von uns kann unvorhergesehen und plötzlich das

Leben so auf den Kopf gestellt werden, dass wir auf professionelle Unterstützung angewiesen sind. Es liegt an uns, wie wir mit unseren Narben und Verletzungen im Leben umgehen. Ob wir sie Anderen zeigen oder nicht, ob sie wieder aufreißen, weil wir unvernünftige Dinge tun, oder nicht. Oft möchten wir nicht über unsere Narben und Verletzungen im Leben reden – „Was könnte der Andere denken?". Es ist absolut in Ordnung und verständlich, dass wir anderen Menschen nicht alles erzählen und in unserem Leben zeigen, aber manchmal ist es ermutigend von jemandem zu hören, dass er eine vergleichbare Geschichte erlebt hat, um daraus zu lernen. Egal ob ich meine persönlichen Wunden und Narben mit jemandem teile oder nicht, sie sind ein Teil von meinem Leben. Sie machen mich zu dem, was ich bin, wie ich handle, rede und interagiere. Es sind Erfahrungen, die uns menschlich machen, wenn wir diese teilen. Im letzten Kapitel ging es darum, nach authentischen Beziehungen zu streben. Unsere Narben und Verletzungen tragen dazu bei.

Wir trauen uns manchmal nicht aus Scham oder Unsicherheit anderen Menschen unser Herz zu zeigen. Anderen zu zeigen wie es wirklich in uns aussieht. Gleichzeitig wünschen wir uns, nicht allein zu sein in unseren Gedanken und in schwierigen Zeiten. Wie klein wirkt plötzlich eine alte Verletzung, wenn man weiß, dass das Leben zu Ende geht? Wie unwichtig werden Dinge mit der Zeit? Aber wie befreiend kann es auch sein, nicht mehr an etwas Schlimmes erinnert zu werden, das man über viele Jahre erfolgreich gelernt hat zu vergessen oder damit in Frieden zu leben?

Eigene Narben sind die eine Sache. Verletzungen, die wir anderen zufügen, die andere. Manchmal geschieht dies unabsichtlich, aber manchmal auch mit voller Absicht. Vielleicht aus Wut, Trotz oder nur weil wir eine andere Meinung haben. Wir merken dann gar nicht, dass wir der anderen Person weh tun. Im schlimmsten Falle wissen wir gar nicht, dass wir den Anderen verletzt haben und denken, wir haben ihm sogar geholfen. Wir können in beiden Positionen sein und werden uns auch sicherlich in unserem Leben auf beiden Seiten wiederfinden.

Wenn ich verletzt wurde oder ich jemanden verletzt habe, stellt sich die Frage für jeden persönlich: Was mache ich daraus? Schaue ich weg und mach weiter wie bisher? Gehe ich auf den Anderen zu? Bitte ich um Verzeihung? Oder gebe ich die Erfahrung weiter, lerne daraus für mein Leben, um diesen Fehler kein weiteres Mal zu machen?

ZUM NACHDENKEN

NIMM DIR ZEIT UND MACHE DIR GEGEBENENFALLS NOTIZEN!

- *Wo wurdest du in deinem Leben schon mal von jemandem verletzt und was hat dich daran so verletzt?*

- *Wen hast du schon mal absichtlich oder unabsichtlich verletzt?*

- *Wer kann dir helfen über deine Wunden, Verletzungen und Narben im Leben zu reden, um diese zu verarbeiten?*

- *Für wen kannst du mit deiner Erfahrung und deinem Leben ein Segen sein?*

- *Wenn jemand mit offenem und ehrlichem Herzen sich bei dir für etwas entschuldigt - nimmst du es an?*

- *Was kannst du verlieren, wenn du dich bei jemanden mit ehrlichem Herzen und demütig entschuldigst?*

- *Wie würde es sich anfühlen, wenn du einem Vertrauten von allen Narben und Wunden erzählen würdest – bedrängend oder befreiend?*

nächste Seite
PLATZ FÜR NOTIZEN ▸

GEDANKEN

ZUM INNEHALTEN

Vater im Himmel,

ich danke Dir dafür, dass Du mich geschaffen hast und dass ich leben darf. Danke, dass ich bei Dir sein darf wie ich bin. Du bist mein Schöpfer, Erlöser und Freund. Du kennst mich in- und auswendig. Du kennst meine Gedanken, meine Worte und meine Taten. Du kennst meine Verletzungen, die ich erfahren musste.

Ich bitte Dich, hilf mir heil zu werden. Hilf mir, dass ich mir vergeben kann für Entscheidungen und Taten, die ich getan habe und die mich verletzt haben.

Hilf mir, ...
NENNE DIE PERSON, DIE DICH VERLETZT HAT Schritt für Schritt zu vergeben, so wie auch du mir vergeben hast.

Ich bitte Dich, vergib mir meine Schuld, wo ich andere wissentlich oder unwissentlich verletzt habe. Gib mir die Kraft, Andere um Verzeihung zu bitten, wo ich mich schuldig gemacht habe. Lass mein Leben und meine Erfahrungen zum Segen für Andere werden.

Im Namen Jesu,
der für uns gestorben ist, damit wir heil werden, Amen.

ERTRAGE EINER DEN ANDERN & VERGEBT EUCH UNTEREINANDER, WENN JEMAND KLAGE HAT GEGEN DEN ANDERN; WIE DER HERR EUCH VERGEBEN HAT, SO VERGEBT AUCH IHR!

KOLOSSER 3,13

Alles nun, was ihr wollt, dass euch die Leute tun sollen, das tut ihr ihnen auch!

MATTHÄUS 7,12

ER HEILT DIE, DIE ZERBROCHENEN HER-ZENS SIND, & VERBINDET IHRE WUNDEN. ER ZÄHLT DIE STERNE & NENNT SIE ALLE MIT NAMEN. UNSER HERR IST GROSS & VON GROSSER KRAFT, & UNERMESSLICH IST SEINE WEISHEIT.

PSALM 147,3-5

FÜNF

GANZ ODER
GAR NICHT!

Nach dem Hauskauf wurde mit dem Rückbau angefangen. Stück für Stück wurde vom alten Haus rausgerissen und rausgeworfen. Sehr schnell kam die Frage auf: Was sollen wir wie sanieren? Ich habe viel darüber nachgedacht, wie wir was angehen müssen, um am Ende ein Haus zu haben, in dem wir uns wohlfühlen können und das unser Zuhause ist.

Mit jedem neuen Thema, das aufkam, war ich im ersten Moment hin und her gerissen, wie weit ich das Problem beheben sollte, oder ob eine provisorische Lösung auch reichen könnte. Man muss sich ja keinen Mercedes ins Haus stellen, es reicht ja auch ein Volkswagen - im übertragenen Sinne. Manch Sanierungsaufwand im Haus war schneller beschlossen, andere hingegen haben sich erst nach und nach ergeben und sich Stück für Stück offenbart.

Um lichtdurchflutete Räume zu bekommen, war für uns sehr schnell klar, dass wir die Heizkörper im Wohnzimmer und den Schlafzimmern in bodentiefe Fenster umwandeln wollten. Ich erwischte mich bei dem Gedanken, die Heizung in ein Mischsystem umzuwandeln, sprich: einen Teil vom Haus mit Heizkörpern auf Hochtemperatur und den anderen Teil mit Fußbodenheizung auf Niedertemperaturniveau zu bedienen. Was mich damals geritten hat solch einen Gedanken zu haben, kann ich nicht mehr sagen. Vielleicht der Aufwand, die Kosten, oder einfach das Ziel, so viel wie möglich wieder zu verwenden – keine Ahnung. Fakt ist, es wäre eine halbgare Lösung gewesen, die technisch realisiert werden hätte können, aber nicht sinnvoll gewesen wäre. Schnell war für uns also klar, dass wir das ganze Haus mit Fußbodenheizung ausrüsten wollten. Zum Einen wegen der bodentiefen Fenster, aber auch motiviert davon, keinen Platz für Heizkörper zu opfern. Eine Fußbodenheizung bedeutete aber auch, dass alle Fliesen raus mussten. Auch die schicken Platten im Flur, die wir gerne bewahrt hätten. Manchmal muss man sich von Dingen trennen, die noch gut aussehen, aber leider dem Erneuerungsprozess im Wege stehen.

Unterschiedliche Gewerke hatten unterschiedliche Ausgangspunkte. So war die Frage bzgl. Elektrik schnell geklärt. Das Haus hatte keinen Stromschutzschalter, war zu 90% mit zweiadrigen Kabeln verlegt und musste den neuesten Elektrikvorschriften entsprechen. Kurz: Alle Schalter und Steckdosen mussten erneuert werden. Ich habe mich sehr schnell entschieden, dass jede Leitung bis zum Hausanschluss raus musste. Ich bin ein Freund klarer Verhältnisse, sowohl in meinem Leben, in meinem Beruf, als auch in meinem Haus. Ich wollte keine alten Kabel in der Wand haben, sondern wissen, dass jedes Kabel neu ist und auch so liegt wie ich es benötige. Jedes Kabel wurde freigelegt und rausgerissen. Neue Schlitze wurden gefräst und entsprechend unseren Ideen umgesetzt. Heute ist die Hauselektrik auf aktuellstem Stand - wie in einem Neubau.

Das Thema Sanitär mit Zu- und Abwasser bedurfte eines

längeren Entscheidungsprozesses. Wir wussten seit der Besichtigung, dass die Sanitäreinrichtungen erneuert werden mussten. Wie auch bei der neuen Küche mussten hier die Anschlüsse und Abwasserleitungen neu verlegt werden. Die Toilettenspülung war eine Druckspülung ohne Spülkasten. Auch hier erwischte ich mich mit dem Gedanken, ob man das nicht so lassen könnte, aber dann war sehr schnell klar – no way! Raus damit! Alle Wasserzuleitungen wurden aus der Wand gemeißelt und bis zum Hausanschluss rückgebaut. Der städtische Wasserversorger hat sogar den Wasserhausanschluss und die Zähleruhr erneuert. Lieber alles in einem Wisch erneuern, anstatt in wenigen Monaten oder Jahren wieder neu anzufangen. Und das war auch gut so, denn die Wasserleitung im Erdreich vor dem Haus war doch schon sehr in die Jahre gekommen. Da die Abwasseranschlüsse im Haus auch nicht mehr passten, haben wir diese auch bis auf den Hausabwasseranschluss in der Bodenplatte rückgebaut und komplett erneuert. Neue Leitungen und Rohre wurden entsprechend unseren Plänen eingebaut. Während dem Rückbau habe ich mir oft die eine oder andere Frage gestellt: Wie weit baue ich zurück? Was ist wirklich notwendig und was nicht? Wie weit gehe ich auf die Grundmauern? Wie weit gehe ich an die Substanz des Hauses? Was ist noch gut und was muss erneuert werden?

Der Entscheidungsprozess war nicht leicht, aber letztendlich war es gut so. Wir sind überall bis auf die Grundmauern gegangen. Jede Leitung, jedes Rohr wurde sprichwörtlich bis auf die Bodenplatte rausgerissen. Wir haben jede Leitung erneuert. Heute weiß ich genau wo welche Leitung läuft, egal ob Wasser, Strom oder Heizung. Alles wurde in seine Ursprungsform gebracht und dann erst hat der Aufbau begonnen. Da hier und da immer wieder neue Themen aufkamen, war für mich klar, dass ich keine versteckten Fallen haben möchte. Für mich stand fest: wenn ich es neu mache, dann ganz oder gar nicht. Keine Frage - das Haus ist 50 Jahre alt und die Mauern logischerweise auch, aber das was gut war, wurde erhalten, denn es war solide und verlässlich. Ich habe mir die Sachen angeschaut, teilweise mit Experten, und im Anschluss beurteilt und entschieden. Schließlich wurde ein Plan aufgesetzt, wie das jeweilige Problem am besten behoben werden konnte.

Im Erdgeschoss war die Heizungsfrage relativ schnell entschieden, im Untergeschoss hat es jedoch ein wenig länger gedauert. Wie im Kapitel 7 zu lesen, habe ich mich entschieden, schlussendlich auch im Keller den kompletten Estrich rauszuhauen und in jeden Raum Fußbodenheizung zu verlegen. Auch hier haben wir uns entschlossen, bis auf die Bodenplatte zu gehen. Die Konsequenz, den Estrich für die Fußbodenheizung rauszuhauen, war, dass wir insgesamt 17 Tonnen Estrich per Schubkarren abtransportieren mussten. Im Keller wurden die Bruchstücke von Hand in Eimer gelegt, ins Erdgeschoss getragen, hier in den Schubkarren gekippt, über den 30m Weg vor an die Straße gekarrt, wo der Schuttcontainer stand und hier dann über eine Rampe (die aus der alten Feuerbrandschutztür aus dem Keller bestand) in den Container geschüttet. Mehr als 350 Mal sind wir mit dem Schubkarren zum Container gefahren und mehr als 300 Mal vom Untergeschoss ins Erdgeschoss gelaufen. Dies war pure Muskelarbeit, die sehr anstrengend war. Muskelarbeit, die sich natürlich gelohnt hat und nunmal zwingend notwendig war um Erneuerung zu schaffen, um Dingen auf den Grund zu gehen und sicher zu gehen, dass keine verborgenen Probleme im Keller liegen. Um im Anschluss wieder alles neu zu machen und genießen zu können.

Eine Sache bei der Sanierung hat mir jedoch gezeigt, dass Erneuerung wirklich nur dann geschehen kann, wenn man tief gräbt. Wir haben vieles bis auf die Grundmauern rückgebaut, bei den Abwasserrohren sind wir aber noch tiefer gegangen. Da die Zugänge zu den Rohren komplett frei waren (sowohl im Haus, als auch von draußen über den Kontrollschacht) dachte ich mir, es wäre sinnvoll, das Rohrsystem unter dem Haus zu kartographieren, d.h. mit einer Kamera in die Rohre zu fahren und zu schauen, wie sie verlaufen, wo sie enden, in welchem Zustand sie sind und sie gegebenenfalls auch reinigen zu lassen. Also beauftragte ich eine Firma, die sich an die Arbeit machte. Als ich an diesem Tag abends zum Haus kam, war die Kanalreinigungsfirma immer noch da. Ich wurde mit dem Kommentar empfangen: „Wären Sie eingezogen, ohne die Rohre vorher zu reinigen, wären wir spätestens nach 2 Monaten wegen verstopften Rohren gekommen. Wir wären uns nicht sicher gewesen, ob wir dann die Leitungen so säubern hätten können wie heute. Und übrigens: wir müssen morgen nochmal kommen, da die Rohre so voll waren, dass wir nur sehr langsam vorangekommen sind!" – Wow! Ursprünglich war geplant gewesen, dass die Firma einen Tag für circa 6 Stunden kommt und danach fertig ist. Das Resultat war, dass die Firma zwei Tage und insgesamt 16 Stunden beschäftigt war. Hätte ich die Bilder und das Video nicht selbst gesehen, hätte ich es nicht geglaubt. Die Leitungen waren teilweise zwei Drittel mit Ablagerungen, Urinstein, Papierresten, Haaren und allem was sich so über 50 Jahre Leben angesammelt hatte, blockiert. Der verbliebene Querschnitt war an manchen Stellen so klein, dass nicht viel notwendig gewesen wäre, um hier für ein mittelgroßes Desaster zu sorgen. Wer hätte geahnt, dass die Rohre so aussahen! Vielleicht sagt der eine „völlig normal nach 50 Jahren", für mich war es unvorstellbar. 50 Jahre alte Ablagerungen, 50 Jahre Leben die sich angehäuft haben, 50 Jahre Dinge, die einfach die Toilette hinabgespült wurden.

Ist es nicht auch so oft mit uns? Wir leben vor uns hin und irgendwo in unserem Lebenskeller sammeln sich Dinge an, von denen wir nichts (mehr) wissen. Dinge, die wir über Jahre hinweg einfach runterspülen und hoffen, dass Sie weg sind. Dinge, von denen wir dachten, sie seien weg und die dann an die Oberfläche kommen, wenn wir tiefer bohren. Unabhängig ob es Erinnerungen, Gefühle oder andere Dinge sind, sie sind da und können irgendwann in unserem Leben zu einem Desaster werden. Nur wenn wir an den Kern einer Sache gehen, können wir uns sicher sein, dass es im Nachgang keine bösen Überraschungen gibt.

Die Erkenntnis ist so einfach und doch so schwer in die Tat umzusetzen: Erneuerung muss im Kern stattfinden. In unserem Leben kann dies nur geschehen, wenn wir alles offenlegen und bereit sind, Veränderung (auch in den unangenehmen Bereichen) zuzulassen.

Wenn jemand sagt, ja ich möchte mein Leben aufräumen und Dinge (meine Beziehungen, meine Gesundheit, etc.) wieder in Ordnung bringen, ist dies der erste Schritt und der ist sehr wichtig. Wenn jedoch der zweite Satz ist „dieses oder jenes Thema möchte ich ausblenden und nicht anpacken", dann kann man es auch direkt wieder sein lassen. Es ist wie baden gehen ohne nass zu werden wollen. Frei nach dem Motto: Ich möchte aufhören zu rauchen, aber nimm mir nicht die Zigaretten weg.

Erneuerung muss in unserem Inneren stattfinden. Erneuerung muss auch selbst gewollt sein. Niemand kann uns eine Veränderung aufzwingen. Nicht jeder sagt, er brauche eine Erneuerung seines Denkens, seiner Worte, seiner Ausrichtung oder seines Lebens – das ist auch absolut normal. Jeder ist an einem anderen Punkt im Leben. So wie Häuser – 20 Jahre alte Häuser brauchen oft keine Sanierung, aber bei meinem 50 Jahre alten Haus war es allerhöchste Zeit.

ERNEUERUNG MUSS IN UNSEREM **INNEREN** *STATTFINDEN*

Stellen wir uns vor, wir sind in einer Beziehung und unser Partner sagt uns: Ich liebe dich, aber nur zu 50%." Was würden wir dann tun? In der Beziehung bleiben und so vor uns hinleben mit 50% Liebe vom Partner? Wären wir dann glücklich? Würden wir nicht eher zu unserem Partner sagen: „Entweder du liebst mich ganz oder gar nicht!" So ist es auch mit Erneuerung – entweder ganz oder gar nicht. Dies bedeutet nicht, dass alles sofort auf Knopfdruck passen muss und wieder glänzt. Teilweise passiert sogar das Gegenteil. Erneuerung ist ein Prozess, der manchmal lange dauern kann, anstrengend sein und auch unter gewissen Umständen weh tun kann. Dies ist vor allem dann der Fall, wenn es um unsere Mitmenschen geht. Und noch schlimmer ist es, wenn es nahestehende Menschen sind. Erneuerung ist ein Prozess über Zeit und erfordert harte Arbeit. Es ist wichtig, dass wir dranbleiben und Menschen an unserer Seite wissen, die uns dabei begleiten und uns helfen. Manchmal bedeutet ein Erneuerungsprozess auch, dass man sich von Dingen trennen muss, die einem lieb sind. Dinge, die im übertragenen Sinne noch gut aussehen, wie zum Beispiel Beziehungen zu Menschen, Gewohnheiten, Verhaltensweisen, die ich manchmal bewusst oder unbewusst an den Tag lege, oder einfach auch persönliche Eigenschaften wie Neid, Zorn, Lästerei, Gier, etc.

ERNEUERUNG IST EIN PROZESS ÜBER ZEIT UND ERFORDERT HARTE ARBEIT.

Wenn wir Dinge in unserem Leben nur oberflächlich erneuern, kann dies nur eine Zeit lang gut gehen. Wir können uns z.B. verstellen oder eine andere Meinung äußern. Niemand unserer Mitmenschen merkt es vielleicht, weil wir uns gut verstellen. Wie oft wird man gefragt: „Wie geht's?" und als Antwort gibt es nur ein kurzes „Gut!" und in Wirklichkeit zerreißt es einen innerlich. Irgendwann kommt unser wahres Ich an die Oberfläche, welches wir so erfolgreich künstlich unterdrückt hatten. Spätestens bei der nächsten Extremsituation, oder auch nur wenn der Nachbar zum x-ten Mal wegen den Mülltonnen anruft. Wir kennen unsere Schwachstellen und wissen, wo wir wirkliche Erneuerung benötigen; sei es unsere Einstellung, unsere Gedanken, unsere Beziehungen, oder was auch immer.

Der eine oder andere mag jetzt sagen „O.k. verstanden. Erneuerung muss von Grund auf geschehen. Aber eine 100%ige Erneuerung ist unmöglich. Ich bin ich; mit all meiner Vergangen-

heit, Prägung, Erfahrung und was dazugehört."
Mein Haus ist zwar „wie neu", aber es ist nicht „neu". Es geht nicht darum, das Alte zu vergessen und bei Seite zu schieben. Unsere Vergangenheit und alles was uns bis heute hier her gebracht hat ist ein Teil von uns und macht uns zu dem was wir sind – liebenswürdige Menschen. Veränderungen und Korrekturen in unserem Leben sind manchmal hart, wie auch mein Hausumbau. Das Tolle dabei ist aber, dass etwas Gutes dabei herauskommt, wenn man es richtig macht. Richtig und mit ganzem Herzen. Eine vollkommene Erneuerung als Mensch, aber ist nur möglich durch Jesus Christus. Wenn wir durch Jesus Christus zu einem neuen Menschen geworden sind, haben wir unseren alten Menschen abgelegt wie es in Epheser 4,22-24 steht: „Ihr sollt euer altes Leben wie alte Kleider ablegen. Folgt nicht mehr euren Leidenschaften, die euch in die Irre führen und euch zerstören. Lasst euch in eurem Denken verändern und euch innerlich ganz neu ausrichten. Zieht das neue Leben an, wie ihr neue Kleider anzieht. Ihr seid nun zu neuen Menschen geworden, die Gott selbst nach seinem Bild geschaffen hat. Jeder soll erkennen, dass ihr jetzt zu Gott gehört und so lebt, wie es ihm gefällt."
Dies bedeutet, dass die Vergangenheit keine Auswirkung mehr hat auf unsere Zukunft, weil wir zu Gott gehören und durch Ihn errettet sind. Dies scheint so einfach, ist aber manchmal unendlich schwer zu verstehen und vor allem zu akzeptieren. Lass dir eine Tatsache bewusst sein – DU bist ein von Gott geliebter Mensch, denn sonst wärst du nicht auf dieser Welt. Durch DICH ist diese Welt sehr gut geworden.
So schuf Gott den Menschen als sein Abbild, ja, als Gottes Ebenbild; und er schuf sie als Mann und Frau. Er segnete sie und sprach:»Vermehrt euch [...] Und so geschah es. Schließlich betrachtete Gott alles, was er geschaffen hatte, und es war sehr gut! (1. Moses 1, 27-31)
Wer ehrlich zu sich selbst ist, weiß, wo er Veränderung oder

Erneuerung nötig hat. Doch manchmal packen wir die Dinge nicht an, sei es aus Angst oder Bequemlichkeit. Wir schauen oft auf andere Menschen und überlegen, wie sie über uns denken, anstatt uns auf uns selbst zu konzentrieren und uns zu fragen, wie wir für Andere zum Segen werden könnten. Es ist leicht, mit dem Finger auf Andere zu zeigen. Fang aber bei dir selbst an! Schau auf dich und frage dich – wo soll Gott eine Veränderung in Gang setzen, sodass ich für andere zum Segen werden kann. So wie mein Haus, das durch Veränderung und harte Arbeit zum Segen für mich, meine Familie und viele Andere geworden ist.

ZUM NACHDENKEN

NIMM DIR ZEIT UND MACHE DIR GEGEBENENFALLS NOTIZEN!

- *Wo musst du in deinem Leben umkehren und Erneuerung bzw. Veränderung zulassen?*

- *Wo gibt es Themen in deinem Leben, die du nur halbherzig in Ordnung gebracht hast und die im Untergrund vor sich hin schwelen?*

- *Was hält dich davon ab, verborgene Dinge anzupacken und aufzuräumen?*

- *Was sind Dinge (Personen, Eigenschaften, Gewohnheiten, Gedanken, etc.), die du ablegen musst um Erneuerung zu erfahren? Dinge, die dir sehr wertvoll sind und es dir daher schwer fällt?*

- *Wer kann dir helfen, Dinge im Leben klarzustellen und dich wieder auf richtigen Kurs bringen?*

- *Wie oft nimmst du dir Zeit über Themen in deinem Leben in Ruhe nachzudenken und Dinge zu sortieren und wie kannst du diese Sachen wieder rechtzeitig in Ordnung bringen, ohne größeren Schaden anzurichten?*

nächste Seite
PLATZ FÜR NOTIZEN ▶

GEDANKEN

ZUM
INNEHALTEN

Vater im Himmel,

ich danke Dir für all die positiven Dinge, die Du bis heute in meinem Leben vollbracht hast. Für all den sichtbaren und unsichtbaren Segen, den ich wahrnehme oder auch noch nicht erkannt habe. Du kennst mich, mein Leben und auch die Dinge in meinem Leben, die ich ändern muss. Ich bitte Dich, hilf mir bei meinem persönlichen Prozess der Erneuerung. Eine Erneuerung meiner Worte, meiner Gedanken, meiner Taten und meines Lebens. Komm Du wieder neu in mein Leben und richte mich aus auf Dich.

Nimm mir die Angst, mich meiner Vergangenheit zu stellen, die mich davon abhält, mich zu ändern und Erneuerung zuzulassen. Lass mich dir ähnlicher werden in allem was ich bin und gib mir die Kraft Dinge abzulegen, die mich abhalten näher zu Dir zu kommen. Lass mich keine halben Sachen machen, sondern den richtigen Fokus auf die wichtigen Dinge legen. Ich danke dir für deine Unterstützung und das Versprechen, dass Du immer bei mir bist.

Im Namen Jesu, Amen.

UND STELLT EUCH NICHT DIESER WELT **GLEICH,** *SONDERN ÄNDERT EUCH DURCH ERNEUERUNG EURES SINNES, AUF DASS IHR PRÜFEN KÖNNT, WAS* **GOTTES WILLE** *IST, NÄMLICH DAS* **GUTE** *UND* **WOHLGEFÄLLIGE** *UND* **VOLLKOMMENE.**

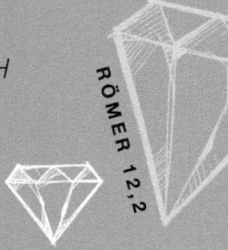

RÖMER 12,2

EPHESER 4,22-24

Ihr sollt euer altes Leben wie alte Kleider ablegen. Folgt nicht mehr euren Leidenschaften, die euch in die Irre führen und euch zerstören. Lasst euch in eurem Denken verändern und euch innerlich ganz neu ausrichten. Zieht das neue Leben an, wie ihr neue Kleider anzieht. Ihr seid nun zu neuen Menschen geworden, die Gott selbst nach seinem Bild geschaffen hat. Jeder soll erkennen, dass ihr jetzt zu Gott gehört und so lebt, wie es ihm gefällt.

2. KORINTHER 3,18

Wir alle aber spiegeln mit aufgedecktem Angesicht die Herrlichkeit des Herrn wider, und wir werden verwandelt in sein Bild von einer Herrlichkeit zur andern von dem Herrn, der der Geist ist.

KOLOSSER 3,8-10 NUN ABER LEGT AUCH IHR DAS ALLES AB: ZORN, GRIMM, BOSHEIT, LÄSTERUNG, SCHANDBARE WORTE AUS EUREM MUNDE; BELÜGT EINANDER NICHT; DENN IHR HABT DEN ALTEN MENSCHEN MIT SEINEN WERKEN AUSGEZOGEN UND DEN NEUEN ANGEZOGEN, DER ERNEUERT WIRD ZUR ERKENNTNIS NACH DEM EBENBILD DESSEN, DER IHN GESCHAFFEN HAT.

DER DRECK
MUSS WEG!

Es ist bereits aus den vorherigen Kapiteln bekannt, dass unser Haus immer wieder und vor allem leider unverhofft neue Herausforderungen aufbrachte. Die aufgekommenen Probleme musste ich irgendwie anpacken, überlegen wie ich sie lösen kann und schließlich auch beheben. Mein Ziel war es immer, eine Lösung zu finden, bei der ich für lange Zeit Ruhe haben würde und nicht wieder in 5 Jahren erneuern müsste. Es wäre toll, wenn ich erst wieder in 50 Jahren Dinge am Haus renovieren müsste, aber dann würde ich all meine Erkenntnisse aus den vorherigen Kapiteln in den Wind schlagen. Mir ist bewusst, dass ich aller spätestens nach 10 Jahren anfangen muss immer wieder Stück für Stück zu erneuern, zu reparieren und zu korrigieren um es lebenswert und bewohnbar zu halten.

Im letzten Kapitel ging es um die Tatsache, dass wahre Erneuerung nur von Grund auf möglich ist. Jetzt geht es um das Thema, wie kann ich eine Kernsanierung in meinem Haus und in meinem Leben von vornherein vermeiden. Vor allem mit dem Fokus auf die vermeintlich kleinen Dinge im Leben. Sicherlich fragst du dich jetzt: „Wie soll das denn gehen? In Kapitel 1 sagt er noch, dass man kontinuierlich an sich und seinem Leben arbeiten sollte. Auch in den ersten Sätzen von diesem Kapitel sagt er, dass er spätestens in 10 Jahren wieder anfangen muss zu renovieren. Und jetzt will er nix mehr machen?"

LASST ES MICH ERKLÄREN ANHAND VON ZWEI BEISPIELEN, DIE MIR MEIN HAUS GEZEIGT HAT.

1 | Wie bereits erzählt (Auszug von Kapitel 3) war ein Highlight ein Abflussrohr in der Bodenplatte im Keller, welches wir freigelegt hatten. «Das Waschbecken im Kellerbad (heutige Einliegerwohnung) hatte einen Abfluss. Dieser mündete in ein Gussabflussrohr in der Bodenplatte, was jedoch nicht durch einen Deckel oder eine Muffe verschlossen war. Der Waschbeckenabfluss wurde nur rudimentär reingesteckt und dann zugemauert. Wir hatten noch einen alten zusammengeknüllten Betonsack am Rande des Rohrs gefunden, der vielleicht als Pseudodichtung hätte fungieren sollen, aber das war es auch.» Zum Glück war dies anscheinend nie ein Problem und Wasser wurde nie zurück ins Haus gedrückt.
Um das Thema nachhaltig sauber zu lösen habe ich mich entschlossen, die Wand großflächig aufzuschlagen. Der Abfluss wurde mit einem passenden Deckel mit Gummidichtung sauber verschlossen. Im Anschluss wurde der Deckel noch versiegelt und final die Wand wieder zugemauert. Das Problem wurde also sauber und nachhaltig behoben.

2 | Durch die Abrissarbeiten entstand extrem viel Staub. Regelmäßig (nahezu nach jedem Arbeitstag im Haus) habe ich den Staub und Schutt zusammengekehrt.

Es mussten während dem kompletten Umbau 3 oder 4 Besen dran glauben. Am schwierigsten war es wie immer den Dreck aus den Ecken zu kehren. Durch das Rausreißen des Estrichs im Keller sind wir mehr als 300 Mal innerhalb von zwei Tagen die 14 Stufen vom Untergeschoss ins Erdgeschoss gelaufen. An vielen Tagen bin ich aufgrund anderer Themen mehr als 50-mal hoch und runter gelaufen, was am Tag mehr als 700 Stufen waren. (Zum Vergleich: Das Ulmer Münster hat laut Aussage der Stadt Ulm 768 Stufen bei einer Höhe von 143m). Teilweise war es richtiges Berglauftraining. Die Treppen waren staubig und voll mit Schutt. Auch hier habe ich fleißig gekehrt, aber der Dreck war überall. Und er ist regelmäßig am Geländer entlang nach unten gefallen genau in den Zwischenraum der Treppe. Hier konnte ich so viel kehren wie ich wollte, es war immer eine Kehrschaufel voller Dreck darin, die schwierig war herauszubekommen. Zum einen war die Kehrschaufel zu breit und zum andern musste ich mich weit ausstrecken um bis ans Ende des Zwischenraums zu kommen. Irgendwann war es mir zu blöd, zu umständlich und es hat mich auch gestört. Meine Frau, die oftmals abends nach getaner Arbeit nochmal ins Haus ging um die Baustelle für den nächsten Tag sauber zu machen, kam auf eine einfache, aber geniale Idee: Das Treppengeländer wurde kurzerhand abgesägt und anstatt dessen eine Wand vom Boden im Untergeschoss bis ins Erdgeschoss hoch gemauert. Somit hatte ich wieder eine Absturzsicherung, die genau den Platz einnahm, der vorhanden war. Der dunkle und dreckige Zwischenraum am Boden, genau zwischen der Treppe, war verschlossen. Er war einfach nicht mehr da und somit konnte sich auch kein Dreck mehr ansammeln. Alles wurde nun sauber über die Treppe gekehrt und konnte sehr einfach über die Kehrschaufel aufgefangen werden. Durch zwei einfache Renovierungsmaßnahmen in meinem Haus, habe ich es geschafft, dass unter normalen Umständen gewisse Probleme gar nicht mehr aufkommen können. Erstens, dass Wasser über den Abfluss im Kellerbad hochgedrückt wird und zweitens, dass sich im Zwischenraum am Kellerabgang Dreck ansammeln kann.

Vielleicht meinst du, „Ist doch logisch, wenn ich was zu mauere ist es weg und dann kann sich auch kein Dreck mehr ansammeln. Wie einfach!" Korrekt! Und genau darum geht es. Es klingt so einfach, es ist so praktisch, nur wie oft gibt es Themen und Herausforderungen in unserem Leben, die man relativ leicht beheben könnte, wir es aber vermeiden und nicht tun? Tief in uns wissen wir, dass wir es beseitigen sollten.

Jeder von uns hat schwierige und unangenehme Dinge im Leben, egal welcher Art und Gewichtigkeit, in die er irgendwie reingerutscht ist – meistens unabsichtlich. Ob es um die immer wiederkehrenden schweren Auseinandersetzungen mit bestimmten Personen geht, oder eine Sucht, die schrittweise gesundheitliche Auswirkungen auf unser Leben hat oder sogar eine Affäre, mit der man seinen Ehepartner betrügt. Wir haben dunkle Ecken in unserem Leben, in denen sich Dreck ansammelt, die gefühlt nur sehr schwer zugänglich sind.

An dieser Stelle kommt eine entscheidende Frage, die ich erkennen durfte: Will ich eine langfristige Lösung für mein Problem? Falls NEIN, dann werden wir immer wieder zurückfallen in alte Muster und langfristig mehr

SINNVOLLE & NACHHALTIGE LÖSUNGEN SIND NICHT IMMER KOMPLIZIERT, SIE FORDERN ABER DURCHHALTEVERMÖGEN & DISZIPLIN.

Schaden anrichten, als nötig. Wenn wir jedoch JA sagen, dann ist der erste wichtige Schritt gemacht. Wichtig ist die Tatsache, dass wir eine Lösung haben wollen. Noch wichtiger aber, dass sie langfristig sein soll.

In der Industrie bzw. im produzierenden Gewerbe gibt es das

Prinzip der „Unglücklichen Fehlervermeidung (auch bekannt als „Poka Yoke" aus dem Japanischen). Zur Erklärung: Der Gedanke dahinter ist, dass unbeabsichtigte Fehler bei der Produktion durch einfache Abstellmaßnahmen oder Vorrichtungen nicht erneut auftreten können. Sprich: Ein Fehler darf einmal geschehen, aber kein zweites Mal. Jeder von uns kennt das Poka Yoke Prinzip vom unsymmetrisch designten Micro USB-Anschluss beim Handyladekabel. Diesen kann man nur auf eine Weise in das Telefon stecken um ein richtiges Laden zu garantieren. Es wird so von vornherein sichergestellt, dass eine Verwechslung oder ein Fehler nicht passieren kann.

Übertragen auf mein Leben bedeutet dies: Wie kann ich Herausforderungen oder Fallen, in die ich regelmäßig stürzte, von vornherein vermeiden - immer unter der Voraussetzung, dass ich langfristig was daran ändern will. Oft stehen wir uns dabei einfach selbst im Weg. Sinnvolle und nachhaltige Lösungen sind nicht immer kompliziert, sie fordern aber Durchhaltevermögen und Disziplin, zumal wir uns immer auch wieder dagegen entscheiden könnten.

WIR HABEN **DUNKLE ECKEN** *IN UNSEREM LEBEN, IN DENEN SICH* **DRECK** *ANSAMMELT, DIE GEFÜHLT NUR SEHR SCHWER ZUGÄNGLICH SIND.*

Wenn mein Handy mein Laster ist, warum kann ich es nicht einfach jemandem für drei Stunden mitgeben, sodass ich erst gar nicht in die Versuchung komme, damit zu spielen? Wenn ich eine Affäre führe und diese wirklich beenden will, warum kann ich nicht alle Kontaktdaten zu der Person abbrechen und physisch lösen, sodass eine erneute Kontaktaufnahme nicht mehr möglich ist oder zumindest erschwert wird? Wenn..., warum nicht?

Sind es nicht oft wir selbst, die es nicht schaffen, Themen zu beenden und dunkle Ecken in unserem Leben zu verschließen? Es ist hier sehr hilfreich, jemanden ins Vertrauen zu ziehen und sein Herz jemandem zu öffnen und ehrlich zu sein, die Maske abermals fallen zu lassen und dann gemeinsam nach einer „Poka Yoke" Maßnahme für unser Leben zu suchen. Jeder von uns befindet sich in einer anderen Situation und jeder macht andere Fehler. Der Eine hat mehr Disziplin und Durchhaltevermögen und der Andere dafür enge Freunde, die ihm zur Seite stehen.

SOLANGE WIR **AUFSTEHEN** *& NEU AN UNS ARBEITEN, SIND WIR AUF DEM* **RICHTIGEN** *WEG.*

Mein Leben ist zum Glück nicht nur ein starrer Prozess wie bei einer Montage, wo sich nie was ändert. Bei mir wirken Abhilfemaßnahmen vielleicht nicht so lange wie sie sollten, weil ich immer wieder einen Weg drum herum finde und dann doch wieder zurückfalle in alte Muster und Fehler. Aber dann kann ich auch wieder anfangen, neu darüber nachzudenken und nach neuen Lösungen zu suchen. Und es tut gut, wenn mir andere dabei helfen. Wir werden immer wieder fallen, aber solange wir aufstehen und neu an uns arbeiten, sind wir auf dem richtigen Weg, denn wir dürfen immer wissen, Gott ist mit uns. Wir denken immer wir sind alleine, aber wir sind es nicht!

— GEDANKEN

NIMM DIR ZEIT UND MACHE DIR GEGEBENENFALLS NOTIZEN!

- *Wo gibt es dunkle Ecken und schwierige Themen in deinem Leben, wo sich regelmäßig Dreck ansammelt?*

- *Was sind Bereiche oder Probleme in deinem Leben, die du langfristig lösen willst?*

- *Was kannst du tun, um diese Probleme wirklich langfristig zu lösen?*

- *Wie kannst du vermeiden, dass du dir ein Hintertürchen einbaust, um wieder in alte Muster zurück zu fallen?*

- *Wem vertraust du und wer kann dir dabei helfen, Themen langfristig zu verbessern?*

nächste Seite
PLATZ FÜR NOTIZEN ▶

GEDANKEN

**ZUM
INNEHALTEN**

Vater im Himmel,

ich danke Dir, dass Du mich kennst und liebst. Danke, dass ich immer wieder neu zu Dir kommen darf. Du verstehst, was es bedeutet zu fallen und immer wieder neu aufzustehen. Ich weiß, dass ich nicht perfekt bin, aber Du bist perfekt. Danke, dass ich auf Dich schauen darf, wenn es mir schlecht geht und ich am Boden bin. Ich bitte Dich, hilf mir meine negativen Seiten abzulegen. Zeige mir, wie ich Dinge in meinem Leben durch einfache Veränderungen und Maßnahmen langfristig in Ordnung bringen kann. Hilf mir, dass ich für ...

NENNE EINE ODER MEHRERE HERAUSFORDERUNGEN, PROBLEME, LASTER, ETC. IN DEINEM LEBEN, BEI DEM DU DIR LANGFRISTIGE VERÄNDERUNG WÜNSCHT

eine langfristige Lösung finde. Ich möchte nicht mehr in alte Muster zurückfallen, sondern Veränderung und Befreiung in meinem Leben erfahren. Heiliger Geist, sei Du als Helfer und Unterstützer bei mir und zeige mir Wege, wie ich dauerhaft zum Überwinder meiner Herausforderungen werde. Verschließe meine dunklen Ecken im Leben, bringe Klarheit und Freiheit. Herr, stelle mir Menschen zur Seite, die mich unterstützen und ermutigen. Schenke mir Kraft, Ausdauer und den Willen, Dinge in meinem Leben zu ändern, um Dir ähnlicher zu werden.

Im Namen Jesu, Amen.

JOSUA 1,9

Ja, ich sage es noch einmal: Sei mutig und entschlossen! Lass dich nicht einschüchtern und hab keine Angst! Denn ich, der HERR, dein Gott, stehe dir bei, wohin du auch gehst.

DARUM SAGE ICH EUCH: LASST EUER LEBEN VON GOTTES GEIST BESTIMMEN. WENN ER EUCH FÜHRT, WERDET IHR ALLEN SELBSTSÜCHTIGEN WÜNSCHEN WIDERSTEHEN KÖNNEN.

GALATER 5,16

1.KORINTHER 6,12

Alles ist mir erlaubt, aber nicht alles ist nützlich. Alles ist mir erlaubt, aber ich will mich von nichts beherrschen lassen.

LUKAS 1,37

DENN BEI GOTT IST KEIN DING UNMÖGLICH.

RÖMER 12,21

LASS DICH NICHT VOM BÖSEN BESIEGEN, SONDERN BESIEGE DAS BÖSE DURCH DAS GUTE.

JAKOBUS 4,10

Beugt euch vor dem Herrn! Dann wird er euch aufrichten.

„LASS DA MAL
DEN PROFI RAN!"

Wenn ich heute auf die ganze Zeit vom Kauf des Hauses bis zum Einzug zurückschaue, gibt es so einige markante Meilensteine, die mir in Erinnerung bleiben. So ist mir zum Beispiel die erste Besichtigung oder der Kauftermin beim Notar weiterhin im Gedächtnis. Ich erinnere mich noch genau, wie wir mit unserem Makler durch das Haus gegangen sind. Oder als wir den Kaufvertrag unterschrieben haben.

Ein weiterer wichtiger Punkt beim Haus war auch der Einzug Mitte Mai 2018, das Wochenende vor Pfingsten. Anhand der Bilder erinnere ich mich noch ganz genau, wie wir Teil für Teil in den Autohänger geladen haben und dann die 300m zum neuen Haus geschoben haben. Nach diesem Termin wird es aber schwammig mit irgendwelchen ganz spezifischen Erinnerungen, die im Zusammenhang mit weiteren Sanierungsmaßnahmen standen. So haben wir irgendwann gegen Ende 2018 das Haus verputzt und gestrichen, aber ich habe hier kein genaues Datum mehr in Erinnerung.

Während der ganzen Sanierungszeit gab es viele Aufgaben, die wir erledigt haben. Ich erinnere mich auch noch an sehr viel, vor allem wenn ich mir noch Bilder anschaue, dann sind die Arbeiten sehr präsent. Interessant ist aber, dass ich bei den meisten Arbeiten nicht mehr wirklich sagen kann, wann wir es gemacht und angepackt haben. Ich könnte vielleicht noch grob sagen Frühjahr, Sommer, Herbst 2017 oder 2018, aber das war es dann auch. Es waren so viele Gewerke und Aktionen, dass es mir nicht möglich ist alles aus dem Gedächtnis wieder hervor zu holen. Da ich jedoch Zahlen und Excel für sinnvolle Dinge halte, habe ich mir während dem kompletten Umbau jeden Arbeitstag und jede investierte Stunde (von mir und allen Helfern) notiert, sodass eine Rekonstruktion der Ereignisse möglich wäre. Ohne diese Hilfsmittel würde ich es aber nicht schaffen.

An ein Ereignis, welches mir die Augen geöffnet hat, kann ich mich jedoch sehr genau erinnern. Es war die Woche vor dem 1. Mai 2017. Wie bereits erwähnt hatten wir wenige Wochen zuvor im Keller den kompletten Estrich rausgehauen und per Hand in den Container geworfen. Dies war notwendig, da wir in unser zukünftiges Schlafzimmer und Büro eine Fußbodenheizung einbauen wollten. Unter dem Estrich kamen schwarze Korkmatten zum Vorschein, welche zur damaligen Zeit für Bodendämmung durchaus üblich waren. Interessant war, dass der Kork an manchen Stellen komplett in takt war und wir saubere Matten rausnehmen konnten und an anderen Stellen nur noch feine Brösel. Ein Großteil des Korks war auf der Unterseite mit weißen Flecken bedeckt. Mein erster Gedanke war Staub oder Betonreste. Der zweite Gedanke war Schimmel. Aber wo sollte hier Schimmel herkommen, zumal Estrich und die Wände alle in Ordnung waren? Wir mussten auch im Schlafzimmer bis auf die Bodenplatte gehen, um den Unterbau für die zukünftige Fußbodenheizung korrekt aufzubauen. Also wurde schließlich noch das Zimmer sauber ausgekehrt, entsprechend vorbereitet, der restliche Schutt entsorgt und alles war gut – so dachten wir.

Die Tage vor dem 1. Mai und auch die kompletten Wochen im April hat es bei uns geschüttet wie aus Eimern. Über das Mai Wochenende hatten wir geplant, mit Freunden und Bekannten auf einen Bauernhof zu gehen. Eines der wenigen Wochenenden im Jahr 2017, die wir als Familie nicht auf der Baustelle verbracht haben, sondern Urlaub machen wollten. Einige Tage zuvor wollte ich noch kurz ins Haus gehen und schauen ob alles in Ordnung ist. Bei dieser Gelegenheit wollte ich noch den einen oder anderen Dreck wegräumen. Und schließlich ging ich auch ins zukünftige Schlafzimmer. Den Anblick, der sich mir bot, habe ich bis heute nicht vergessen. Knapp die Hälfte des Bodens war mit einer riesigen Wasserpfütze bedeckt, die an manchen Stellen knapp drei bis vier Zentimeter tief war. Da der Beton der Bodenplatte beim Erbau des Hauses nur gestampft und nicht wie heute gerüttelt wurde, gibt es teilweise starke Unebenheiten. Mein erster Gedanke war, dass das Wasser über den Lichtschacht und die Fenster reingedrückt wurde. Da die Pfütze aber im Inneren des Raumes war und keine Verbindung zu den Fenstern hatte, musste sie eine andere Herkunft haben. Eine geplatzte Leitung war der nächste Gedanke, aber ich wusste, dass es in dem Raum und in den Wänden keine Leitung gab, da ich ja alle Leitungen bereits rückgebaut hatte. Die Wände waren trocken, lediglich von unten hat es leicht Wasser aus der Pfütze gezogen, aber von unten nach oben. Also konnte dies auch keine Ursache sein.

Mit Hilfe von alten Lappen und Handtüchern, die auf der Baustelle waren, habe ich versucht das Wasser aufzusaugen. Parallel habe ich noch versucht mit Bauschutt und Staub das Wasser aufzusaugen, was auch funktioniert hat. Nach etwa einer Stunde war ich schließlich soweit, dass der Boden nahezu trocken und das Wasser verschwunden war. Es waren circa 150-200l Wasser. Schließlich sah ich die Ursache für den Wassereintritt: Quer durch den Raum führte ein Riss im Boden von etwa drei Metern Länge. Dünn, aber groß genug, dass das Wasser hindurchgepresst wurde.

Ab diesem Zeitpunkt hat das Kopfkino in mir angefangen zu spielen. Gedanken und Bilder haben mich überschwemmt und mich tagelang nicht in Ruhe gelassen. Die Euros sind mir gedanklich zwischen den Händen dahingeflossen. Eine neue Bodenplatte war der Anfang, Bagger mussten alles von außen abgraben, und noch viel mehr... Was mich aber auch nicht losließ war die Tatsache, dass das Wasser durch den Riss ins Haus gedrückt wurde. Dies wiederum musste bedeuten, dass mein ganzes Haus im Wasser stand! Dies war der ausschlaggebende Punkt für mich, dass ich mich sogar entschied im zukünftigen Kellerabstellraum und im Technikraum den Estrich rauszuhauen, um eine Fußbodenheizung zu installieren. Primäres Interesse war aber zu wissen, ob nicht auch hier Wasser durch die Bodenplatte drückte. Viele meiner Gedanken drehten sich um die Thematik, wie ich das Problem lösen könnte. Aber ich kam immer wieder zu dem Punkt, wo ich zugeben musste, dass ich das Thema nicht lösen konnte und zwar aus einem einfachen Grund: Wasser kennt keine Gnade und drückt mit aller Gewalt. Vielleicht mag wieder der eine oder andere sagen: „Alles kein Thema, warum hat er so reagiert? Hier gibt es gute Lösungen." Richtig, die gibt es. Aber in meiner damaligen Situation hat es mir den letzten Nerv geraubt und im Nachgang bin ich Gott dankbar für die Erfahrung und was er mir dadurch gezeigt hat.

Über die nächsten Tage hinweg, habe ich mit einem Nasssauger regelmäßig eimerweise Wasser abgesaugt und aus dem Haus geschafft, wohlwissend, dass am nächsten Tag wieder Wasser im Raum stehen würde. Das Maiwochenende haben wir trotz aller Umstände angetreten und es war auch gut so. Der Urlaub war im Allgäu auf einem Bauernhof bei schönstem Wetter. Da mich das Wasser im Haus nicht losließ und in Gedanken mein Haus während meiner Abwesenheit wieder volllief, erzählte ich einer Bekannten davon. Ihre Antwort war ganz einfach und direkt: „Lass die Finger davon! Hier müssen Profis ans Werk! Die können es so reparieren, dass du danach kein Problem mehr damit hast! Das wird wieder gut!" Wie sich herausstellte, arbeitete sie bei einem Bautrocknungsunternehmen, das sich auf genau solche Dinge spezialisiert hat. Was für ein Segen! Von diesem Zeitpunkt an sah ich Licht am Ende des Tunnels.

Wieder zuhause angekommen wurde eine Spezialfirma engagiert, die sich mit dem Thema auskannte. Mit Hilfe von einem speziellen Harz wurde der Riss schlussendlich versiegelt. Interessant war, dass das Harz mit enorm viel Druck in den Riss gepresst wurde, um sicher zu stellen, dass auch der letzte Teil des Risses verschlossen wurde. Bei dieser Aktion stellte sich heraus, dass der Riss nicht nur drei Meter lang war, sondern knapp fünf Meter. Auch wenn ich es zu Beginn nicht sah, so ging der Riss unter der Zimmerwand ins Nebenzimmer. Der hohe Druck, mit dem das Harz in den Riss gepresst wurde, hat gezeigt, wie der Rissverlauf wirklich war. Zum Glück haben wir allen Estrich auch in den anderen Räumen rausgemacht, denn auch hier musste man kleinere Stellen ausbessern. Wichtig um eine funktionierende Abdichtung zu bekommen, ist der Druck, der so hoch sein muss, dass das Harz jeden noch so kleinen Riss und Rissausläufer erreichen kann.

Die Spezialfirma hat mir bei dieser gesamten Aktion zugleich noch ein Steigrohr in die Bodenplatte eingesetzt, um herauszufinden, auf welchem Niveau das Wasser im Erdreich war. Im Endeffekt haben sie durch die Bodenplatte gebohrt, eine Hülse eingefügt und einen durchsichtigen Schlauch daran befestigt. Das Ergebnis war ernüchternd. Der Grundwasserspiegel stand circa 20-30 Zentimeter über meiner Bodenplatte, weshalb das Wasser rücksichtslos ins Haus gedrückt wurde.

Im Nachgang bin ich dankbar, dass das Problem auf solch einfache und effektive Weise gelöst werden konnte. Weder der Boden noch die Wände haben bleibende Schäden erfahren und heute ist alles trocken und sauber. Wie der Riss in die Bodenplatte kam und wann, darüber kann man heute nur spekulieren. Vielleicht infolge eines Erdbebens oder weil sich das Haus vor längerer Zeit mal abgesenkt hat, da unsere Siedlung auf Kriegsschutt aufgebaut wurde. Wir wissen es nicht. Fakt ist, der Riss war da. Er war real und auch die Vorbesitzer hatten ihn im Keller und mit ihm gelebt, ohne es wissen.

Es gab noch ein zweites erwähnenswertes Wasserereignis während der Haussanierung. Hierbei kam das Wasser jedoch nicht durch die Bodenplatte, sondern übers Dach und drückte über den Kabelanschluss in der Kellerwand ins Haus. Wie konnte es aber hierzu kommen? Unser Haus hat ein Satteldach, welches am Giebel einen Höhenversatz der beiden Dachseiten von etwa einem Meter hat. Man könnte vielleicht sagen, dass es somit ein Pultdach in zwei verschiedene Richtungen (Ost und West) hat. Unser Hauseingang ist auf der Ostseite und wird durch einen Dachvorsprung überdacht, welcher zusätzlich circa vier Quadratmeter ausmacht. Das Interessante hierbei war, dass die komplette Dachfläche vom Eingang (etwa zwei Meter Breite) bis zum Giebel über eine kleine Dachrinne am Vordach abgeleitet wurde. Dies bedeutete, dass das Wasser von knapp 18 Quadratmeter über eine zu kleine Dachrinne gesammelt wurde. Problematisch war, dass die Dachrinne nicht über ein Fallrohr in die Kanalisation geleitet wurde, sondern über eine Gliederkette auf die drei Quadratmeter große Grasfläche neben der Haustür. Warum es so gemacht wurde und wieso die Vorbesitzer dies nie geändert haben, kann ich nicht sagen. Als wir das Haus gekauft hatten, waren an der Stelle anstatt der Grasfläche Gebüsch und allerlei Pflanzen. Vielleicht haben diese das Wasser geschluckt, was ich mir aber nicht wirklich vorstellen kann. Fakt ist, dass die Grasfläche bei Regen sieben Mal mehr Wasser aufnehmen musste. (18qm/3qm = 6 +1 für das Eigenwasser =7). Dies bedeutet, dass mäßiger Regen von z.b. zwei Liter pro Quadratmeter sich für den kleinen Rasen neben dem Eingang anfühlte wie Starkregen von 14l/qm und sich jedes Mal sehr schnell eine riesige Matschpfütze bildete. Wie vorhin erwähnt hatten wir Ende April heftigsten Regen mit etwa 80 Liter/qm in der Woche. Dies bedeutete, dass das Fleckchen Rasen Regenwasser in der Größenordnung von 560 Liter pro Quadratmeter aufnehmen musste. Zur Relation: Normalerweise ist dies etwa die Hälfte des Jahresniederschlages, diesmal aber innerhalb 1 Woche. Dies war sprichwörtlich der Overflow für das gute grüne Stückchen. Das Resultat war, dass das Wasser gegen die Hauswand, besser gesagt gegen die Kellerwand, gedrückt wurde. Langsam fand es seinen Weg durch den Kabelhausanschluss ins Innere des Hauses. Die Lösung des Problems war diesmal einfacher denn je. Wir haben lediglich die Kette mit einem Fallrohr ersetzt. Das Fallrohr wurde unterirdisch direkt in den ein Meter entfernten Kontrollschacht geleitet, wo es mit all dem anderen Regenwasser vom übrigen Dach zusammentraf und in der Kanalisation verschwand. Da wir noch ein wenig Harz von der Bodenplatte übrig hatten, wurde der Anschluss zusätzlich von Innen noch versiegelt. Seither hat sich nie mehr an dem kleinen Rasenstück eine größere Pfütze gebildet, da der Boden immer kräftig genug war, alles Wasser aufzunehmen. Es ist einfach ein Unterschied, ob man Faktor 1 oder Faktor 7 stemmen muss. Dies gilt nicht nur für ein Stück Rasen, sondern auch für uns Menschen. Faktor 7 an Belastung (egal welcher Art – physisch, psychisch, emotional oder anderweitig) zwingt einen in die Knie und macht einen auf Dauer kaputt.

Wer jemals in einem Fluss stand, weiß welchen Druck Wasser ausüben kann. Und oft ist dieser Druck gnadenlos und es erfordert einen enormen Kraftaufwand, ihm zu widerstehen. In diesem Zusammenhang ist mir auch ganz klar geworden, dass sich Dinge in unserem Leben oft anders darstellen, als sie in Realität wirklich sind. Was soll das heißen? Oft ist es in unserem persönlichen Leben so, dass wir verletzt wurden oder Dinge uns beschäftigen. Und genau diese Dinge sind oft größer, länger und tiefer in uns drin, als wir glauben.

Manchmal leben wir sogar mit Dingen (Verletzungen, Meinungen, Vorurteilen, oder allerlei anderen Sachen) und wir wissen nicht mal, dass es sie in unserem Leben überhaupt gibt. Genau wie das Wasser bei mir im Keller, das erwiesenermaßen schon früher da war, leider aber nie bemerkt wurde. Manchmal wissen wir in unserem Leben (und so auch ich persönlich) gar nicht, wie tief wir im Wasser stehen. Nie hätte ich mir vorstellen können, dass mein Haus mehrere Zentimeter tief im Wasser stand oder dass der Riss fast doppelt so lang war als zunächst angenommen.

Oft tun oder sagen wir Dinge, die wir nicht so meinen, die aber Auswirkungen auf unser Leben haben. Es ist egal, ob man sich einen Horrorfilm nach dem anderen reinzieht oder sich dem Geläster über eine Person anschließt oder auch nur zuhört. Wer seinen Partner betrügt ob in Taten oder auch „nur" in Gedanken - es hat Auswirkungen auf uns. Es verändert uns und meistens nicht zum Positiven. Wer ehrlich ist, weiß dass es einen innerlich schwächt, ich würde sogar sagen kaputt macht. Es spielt auch keine Rolle wie gut unsere Maske ist, denn innerlich sind wir dann in einem kontinuierlichen Kampf.

Diese Dinge und Taten sind wie Wasser. Sie drücken gnadenlos in unser Leben hinein. Und genau dies ist die Taktik des

Durcheinanderbringers, besser bekannt unter dem Namen des Teufels. Dinge, die negativ sind und nicht von Gott, bringen unser Leben durcheinander und im schlimmsten Fall aus den Fugen, mit fatalen Schäden für jeden persönlich, aber auch für unsere Mitmenschen. Auch wenn die Angriffsfläche in unserem Leben noch so klein ist, vielleicht nur ein feiner Riss - frei nach dem Motto kleine Sünden sieht der Herr nicht - wird der Teufel versuchen sich mit aller Macht in unser Leben zu drücken. Und dies kann sich äußern in Taten, Worten, Stimmungen, Gedanken oder was auch immer. Der

OFT TUN ODER SAGEN WIR DINGE, DIE WIR NICHT SO MEINEN, DIE ABER AUSWIRKUNGEN AUF UNSER LEBEN HABEN.

wesentliche Punkt ist, dass es uns danach nicht besser geht, sondern ganz im Gegenteil. Wenn Dinge uns negativ belasten, wissen wir, dass es falsch ist und wir uns ändern sollten. Wir sind vertieft in unsere negativen Gedanken und genau dann hat der Teufel erreicht was er will. Er hat unserer Leben durcheinandergebracht, uns entmutigt, und im schlimmsten Falle uns gegeneinander aufgebracht.

Der eine oder andere mag vielleicht nun sagen, dass er oder sie gar nichts dafür kann. „Die anderen sind schuld". Wir sind selbstgefällig und zeigen auf den Anderen. Wir sehen uns gerne in der Opferrolle. Hier durfte ich ganz klar erkennen, dass es IMMER an mir liegt, welche Gedanken ich in MEINEM Leben zulasse. Ja, andere Menschen haben Einfluss auf mich in Wort und Taten. Ja, ich kann mich nicht isolieren und mich komplett davor schützen, aber meine Gedanken kann ICH selbst beeinflussen und auch meine persönliche Haltung zu Menschen, Themen und Dingen kann ich beeinflussen. Jeder hat eine Wahl, ob man es zugeben will oder nicht oder vielleicht die Wahl auch (noch) nicht sieht. Wie viel lieber sind wir mit Menschen zusammen mit einem positiven Gemüt, als mit dauernd nörgelnden Menschen? Wie gut tut es jemanden an der Seite zu haben, der Licht am Ende des Tunnels sieht?

Diese Lektion war nicht leicht für mich, dabei bin ich grundsätzlich sehr positiv eingestellt. Es ist nicht leicht, dem Teufel zu widerstehen, zumal er es immer und immer wieder versucht. In falsche Denkmuster zu verfallen, Worte zu sprechen und Dinge zu tun, die nicht in Ordnung sind, geschieht jedem, so auch mir. Manchmal habe ich sogar das Gefühl mir mehr als allen anderen. Obwohl ich Dinge nicht will, trete ich hinein und sage und mache sie immer wieder. Aus einem einfachen Grund: weil Der Teufel mit einer großen Ausdauer in unser Leben drückt.

Nur die richtigen Fachleute (Profis) mit dem entsprechenden Werkzeug und Knowhow konnten den Riss in meinem Haus nachhaltig und sauber verschließen. Die Frage ist: Wer ist der Profi in meinem Leben, der dem Teufel die Stirn bieten kann und ihn aus meinem Leben halten kann? Die Antwort ist simpel. Es ist Jesus Christus. Er hat die Qualifikation und die notwendige Macht dem Teufel Einhalt in meinem Leben zu gebieten. Jesus Christus

JESUS CHRISTUS HAT DEN TEUFEL AM KREUZ BESIEGT, WESHALB DAS MACHTVERHÄLTNIS ZWISCHEN DEN BEIDEN FÜR ALLE ZEIT GANZ KLAR GEREGELT IST.

hat den Teufel am Kreuz besiegt, weshalb das Machtverhältnis zwischen den beiden für alle Zeit ganz klar geregelt ist. Nur ich als Mensch mit meiner beschränkten Sicht glaube oft der Lüge, dass der Teufel stärker ist – was falsch ist.

Auch wenn Jesus Christus hier die Lösung ist, so muss ich persönlich immer wieder neu den ersten Schritt tun. Ich muss einen Schritt zurück machen und demütig sein. Ich muss mir eingestehen, dass nicht ich es bin, der alles regeln kann und dass es jemanden gibt, der Dinge besser kann. Das Großartige dabei ist, dass ich meine Lasten an Jesus abgeben und sie in seine Hände legen kann - in Profihände. Ich muss ihm aber auch erlauben, Dinge in meinem Leben zu verändern und bereit dazu sein. „Wasch mich, aber mach mich nicht nass" geht hier nicht. Ich muss Veränderung in meinem Leben zulassen und mich auch immer neu dafür entscheiden. Ich muss mich entscheiden, ob ich positiv denken möchte oder nicht. Ich muss mich entscheiden, ob ich eher mal den Mund halte oder nicht. Gott hilft mir dabei, aber ich muss es umsetzten. Ich kann nicht einfach sagen „Gott kläre du alles" und lebe mein Leben wie bisher. Wenn ich möchte, dass Risse in meinem Leben repariert werden, dann muss ich persönliche Veränderung zulassen. Veränderung von meinen Gedanken, Worten und Taten. Ist dies leicht – nein. Immer wieder stolpere ich und falle auch hin. Aber die Entscheidung aufzustehen und wieder neu weiterzumachen – die muss von mir kommen. Und Gott möchte mir hierbei helfen, denn er liebt dich und mich!

**ZUM
NACHDENKEN**

NIMM DIR ZEIT UND MACHE DIR GEGEBENENFALLS NOTIZEN!

- Wo gibt es Schwachstellen in deinem Leben, wo immer wieder neu negative Dinge in deinen Alltag und dein Leben gedrückt werden?

- Was sind die Themen bei dir, wo der Teufel versucht dich immer wieder neu zu verführen?

- Welche Dinge und Themen musst du in deinem Leben wieder in richtige Bahnen bringen, sodass kein Unheil passiert?

- Bist du bereit Jesus Christus die Kontrolle zu überlassen, um Dinge wieder in Ordnung zu bringen?

- Wie können andere Menschen dir helfen Dinge wieder in Ordnung zu bringen?

- Was hindert dich daran (professionelle) Hilfe in Anspruch zu nehmen, um Dinge in deinem Leben wieder in die richtigen Bahnen zu bringen?

nächste Seite
PLATZ FÜR NOTIZEN ▶

GEDANKEN

**ZUM
INNEHALTEN**

Vater im Himmel,

ich danke Dir, dass Du für mich ans Kreuz gegangen bist und den Teufel besiegt hast. Danke, dass Du mich liebst und eine persönliche und innige Beziehung mit mir führen möchtest. Du kennst meine Risse und Probleme in meinem Leben, wo der Teufel oft versucht mein Leben durcheinander zu bringen und mich von Dir weg zu ziehen. Lass mich demütig sein vor Dir und hilf mir Dinge wieder in Ordnung zu bringen.

Ich bitte Dich, dass Du mir bei ......

NENNE DINGE, DIE IN DEINEM LEBEN NICHT SO SIND WIE SIE SEIN SOLLEN UND WO GOTT ERNEUERUNG SCHENKEN SOLL

hilfst. Zeige mir, was ich tun kann, um nicht in alte Verhaltensmuster zurück zu fallen. Ich möchte, dass Du mein Leben bestimmst und mich führst und leitest. Vergib mir, wenn ich mich absichtlich oder unabsichtlich von Dir abgewandt habe. Hilf mir, dem Teufel und seinen Versuchungen zu widerstehen. Verändere mein Leben und begleite mich.

Im Namen Jesu, Amen.

SPRÜCHE 3,5-6

VERLASS DICH NICHT AUF DEINEN EIGENEN VERSTAND, SONDERN VERTRAUE VOLL & GANZ DEM HERRN! DENKE BEI JEDEM SCHRITT AN IHN; ER ZEIGT DIR DEN RICHTIGEN WEG & KRÖNT DEIN HANDELN MIT ERFOLG.

EPHESER 6,11

Zieht die ganze Waffenrüstung Gottes an, damit ihr gegen die Listen des Teufels bestehen könnt!

5. MOSE 5,32-33a

So habt nun acht, dass ihr tut, wie euch der HERR, euer Gott, geboten hat, und weicht nicht, weder zur Rechten noch zur Linken, sondern wandelt auf dem Weg, den euch der HERR, euer Gott, geboten hat, damit ihr leben könnt und es euch wohl geht und ihr lange lebt.

JAKOBUS 4,7

UNTERSTELLT EUCH GOTT UND WIDERSETZT EUCH DEM TEUFEL. DANN MUSS ER VON EUCH FLIEHEN.

[...] Fürchte dich nicht, denn ich habe dich erlöst; ich habe dich bei deinem Namen gerufen; du bist mein! Wenn du durch Wasser gehst, will ich bei dir sein, und wenn du durch Ströme gehst, sollen sie dich nicht ersäufen. Wenn du ins Feuer gehst, wirst du nicht brennen, und die Flamme wird dich nicht versengen.

JESAJA, 43,1-2

ACHT

LEARNING
BY DOING!

Wer ein Hausbauprojekt startet und durchführt, weiß, dass es viele Fähigkeiten und auch handwerkliches Geschick fordert, vor allem wenn man vieles selbst machen möchte. Wie bereits erwähnt, ging ich mit der Devise von meinem Papa ans Projekt „Was du kannst, machst du selbst, was nicht, eignest du dir an und hilfst mit und lernst es dann!" Als kleines Kind und auch während meiner Jugend hat man immer zu Hause mitgeholfen und auch später angepackt bei Freunden und Bekannten wo was nötig war. Hier mal einen Boden verlegt, dort mal gestrichen, hier eine Mauer betoniert - man ist immer einen Schritt weitergekommen. Natürlich war nicht immer alles perfekt, aber die Methode „Learning by Doing" hat grundsätzlich funktioniert. Und frei nach dem Motto der Sesamstrasse „Wer nicht fragt, bleibt dumm!" habe ich meine Erfahrung und mein Wissen immer Stück für Stück erweitert. Die großen Gewerke wie Gas, Wasser, oder Fenster wollte ich in Profihände geben, was auch gut war. Dies war eine frühe Entscheidung und es ist auch gut zu sehen, dass gelernte Handwerker Dinge anders anpacken, schneller und besser machen, als man selbst.

Als Projektleiter in einem großen Unternehmen weiß ich, was es heißt Projekte zu planen und durchzuführen. Jedes Projekt besteht aus mehreren Phasen - so auch meine Haussanierung. Je nach Betrachtungsweise gibt es 4-5 Phasen in einem Projekt:

1 | *Projekt initiieren:*

Man hat eine Vision oder Zielbild und will dieses umsetzen. Im Endeffekt ist dies die Geburtsstunde des Projektes.

2 | *Projekt planen:*

Man definiert die Ziele, den Zeitrahmen und die notwendigen Kosten mit entsprechender Qualität. Zusätzlich legt man fest, was getan werden muss (Arbeitspakete) und wer es macht (Zuständigkeiten).

3 | *Projekt durchführen und steuern:*

Man macht und schafft und schaut, dass die gesetzten Ziele bzgl. Kosten, Zeit und Qualität eingehalten werden. Man justiert und ergänzt wo notwendig und streicht, wo Dinge überflüssig sind oder Priorisierungen gemacht werden müssen.

4 | *Projekt abschließen:*

Man hat alle Arbeiten erledigt, es wird alles bezahlt und geschaut ob soweit alles in Ordnung ist. Je nach Projekt würde man nun in die Betriebsphase übergehen, sprich Daily Business.

Diese Phasen auf unterschiedliche Projekte auch im persönlichen Leben anzuwenden kann sehr hilfreich sein. Es hilft einem den roten Faden nicht zu verlieren, vor allem wenn man sich Ziele gesetzt hat, sich diese vor Augen hält und entsprechend nachjustiert. Bei meinem Hausbauvorhaben wurde Phase 1 im Wesentlichen durch meine Frau und mich initiiert. Der Wunsch und die Notwendigkeit nach einem Haus bestand ganz einfach aufgrund der Familiengröße. Das Projekt habe ich zu einem Großteil selbst geplant, also Phase 2, aber an spezifischen und wichtigen Stellen wurde ich bei der Planung durch meinen Bauingenieur unterstützt. Die Projektdurchführung (Phase 3) ist meistens der größte Teil und so auch bei meinem Vorhaben. Gefühlt unzählige Tätigkeiten (Rückbau, mauern, Schlitze fräsen, abdichten, anschließen, Fliesen legen, streichen, …) wurden hier durchgeführt, zum Teil von mir selbst, aber natürlich auch von vielen anderen Leuten.

Menschen sind in einem Projekt meist der entscheidende Faktor. Menschen mit ihrem Können und ihren Fähigkeiten, die sie einbringen, und nicht zu guter Letzt deren Motivation. Wer ein gutes Team und die richtigen Leute an seiner Seite hat, dem ist fast alles möglich. Und wie in einem Projektteam unterschiedliche Menschen mit unterschiedlichen Eigenschaften zusammenspielen müssen, so haben bei meinem Hausprojekt die verschiedensten Gewerke ihren Teil zum Gesamtgelingen beigetragen. So ist es notwendig, viele unterschiedliche Mitstreiter zu haben, um das beste Ergebnis zu bekommen. Man benötigt den Planer, aber auch den Macher, den Perfektionisten, den Spezialisten, den Entscheider, den Wegbereiter, den Unterstützer und noch viele mehr. Viele der Rollen musste ich zwangsläufig selbst einnehmen. Gott sei Dank habe ich aber auch viele Menschen gehabt, die sich ganz speziell in gewissen Situationen und Aufgaben eingebracht haben und somit geholfen haben, dass mein Projekt am Ende erfolgreich war.

Ich möchte nicht jeden einzelnen Helfer und Arbeiter nennen, obwohl es jeder verdient hätte, aber ich möchte auf ein paar Leute schauen, von denen ich vieles gelernt habe. Nicht nur Fähigkeiten auf dem Bau, sondern auch Eigenschaften und Charakterzüge.

1 | *Meine Frau Mirjam – mein Rückgrat:*

Meine Woche sah, wie bereits beschrieben, oft wie folgt aus: Montag bis Freitag Arbeiten von 8:00 bis mindestens 18:00 Uhr. Manchmal zwischendrin noch auf Dienstreise im In- und Ausland, oft für mehrere Tage. Ansonsten war ich abends ab 20:00 Uhr noch auf der Baustelle. Samstag war Baustellentag von morgens bis abends. Danach bin ich meist erschöpft ins Bett gefallen. In dieser ganzen Zeit hat meine Frau sich um die Familie und die Kinder gekümmert. Sie hat mir den Rücken freigehalten und mir sowohl für die Firma als auch den Umbau alle erdenklichen Freiheiten eingeräumt. Nebenbei hat sie unser drittes Kind zur Welt gebracht und dann drei sehr kleine Kinder (unser Ältester war zu dem Zeitpunkt gerade erst drei Jahre alt!), den Haushalt, ihr Studium, Handwerkertermine, unseren Umzug und noch vieles mehr jongliert - und das mit Bravour! Ohne meine Frau wären wir nicht dort, wo wir heute sind. Jeder von uns beiden hat natürlich seinen Part übernommen und versucht, den Anderen so gut wie möglich zu unterstützen, aber es gehört wahnsinnig viel Energie und Durchhaltevermögen dazu, es so konsequent durchzuziehen wie meine Frau. Es gilt einfach das Motto: „Geteilte Arbeit ist halbe Arbeit, geteilte Freude ist doppelte Freude!"

2 | *Papa - die Allzweckwaffe:*

Während dem Umbau hat mein Papa viele Dinge erledigt. Von der Holzdecke runtermachen, über Badezimmerwand mauern bis hin zum Streichen hat er immer mit angepackt. Oft waren es nicht immer die großen Dinge, die er gemacht hat, sondern auch unscheinbare und kleinere Dinge. Ich bin mir aber sehr bewusst, was er alles geleistet hat und ohne ihn wären wir niemals dort, wo wir heute sind, weshalb ich ihm gegenüber tiefe Dankbarkeit empfinde. Unzählige Male hat er gekehrt, den Schutt weggefahren, einfach „mal kurz" etwas gehalten, sodass man schrauben konnte, oder auf dem Weg zur Baustelle kleinere Besorgungen erledigt. Objektiv betrachtet waren es keine großen Sachen, aber seine Arbeiten waren immer die Grundlage für Folgearbeiten. Er hat im Endeffekt den Weg für vieles bereitet, auch wenn es nicht den Anschein hatte. Noch wichtiger ist aber die Tatsache, dass er sich für keine Arbeit zu schade war. Auch wenn es um eintöniges stundenlanges Streichen ging, oder darum, den Bauschutt entsorgen, er hat gefragt „wo kann ich helfen", und tat es einfach.

3 | Friedrich - der Treue:

Wie erwähnt haben wir den Estrich im gesamten Haus rausgeschlagen und mussten diesen auf mühevollem Wege bis zum Container tragen bzw. fahren. Friedrich hat mir hier geholfen, wenn er konnte - und er kam immer und immer wieder. Wie ich ist er unzählige Male die Treppe hochgelaufen. Hoch und wieder runter, hoch und wieder runter. Und auch wenn der Schutthaufen zu Beginn riesig war und wir kein Ende sahen, so nahm der Berg stetig Stück für Stück ab. Jemanden zu haben, der kontinuierlich und stetig arbeitet ist ein Segen, denn man kann sich auf ihn verlassen und sieht am Ende doch, dass sehr viel erledigt wurde.

4 | *Männer – die pure Muskelkraft:*

Der Großteil des Rückbaus wurde eigenhändig gemacht und so habe ich mich auch entschlossen den Ausbau der Fenster selbst zu machen, da hier auch Vergrößerungen und Anpassungen notwendig waren. Zusammen mit mehreren Freunden gab es an einem Samstag eine Männer Fensteraktion, man könnte fast auch sagen Abrissparty. Mit 3 Schlaghammermaschinen, mehreren Vorschlaghammern und Muskelkraft wurden in wenigen Stunden alle Fenster herausgerissen, um den Weg für die neuen Fenster vorzubereiten. Es war saubere Arbeit und ein klares Vorgehen. Alle Männer hatten gute Laune und die entsprechende Motivation. Ich habe schon oft erleben dürfen, was es heißt „viele Hände, schnelles Ende", aber ich war erstaunt und baff, was so viele Männer in so kurzer Zeit schaffen können.

5 | *Gipser & Maler – die Schönmacher:*

Bis zu einem gewissen Punkt war das Haus eine Baustelle und Dinge wurden mit dem dicken Daumen gemacht. Einen Zentimeter hin oder her störte nicht und auch das Loch in der Wand, das falsch gebohrt wurde war nicht tragisch, denn es würden ja noch die Gipser kommen. Einen Teil dieser Arbeit habe ich selbst gemacht, aber da es so viel war, hatte ich auch hier Profis an der Hand. Ich muss sagen, ich habe den Beruf des Gipsers zu schätzen gelernt, denn als sie mit ihrer Arbeit fertig waren, war das Haus keine Baustelle mehr, sondern ein Wohnhaus. Gestrichen haben wir wieder selbst und dann war es nahezu fertig. Aus Staub und Schutt wurde unser Zuhause. Mir ist bewusst, dass man nicht nur Menschen braucht, die „schön machen", sondern man braucht auch all die anderen Leute vorher. Nur mit Gipsern, oder nur mit

Elektrikern kann man kein Haus bauen – so wie man mit elf Torhütern keine Weltmeisterschaft gewinnen kann.

Es gab noch viele andere Menschen, von denen ich während dem Umbau lernen durfte. Selbst beim Umzug, die Vorbereitung zur finalen Phase 4 könnte man sagen, hatten wir noch eine Freundin, die nicht nur mit anpackte, sondern auch noch emotional unterstützte. Jeder Helfer und Arbeiter hat auf seine Weise ein Puzzlestück zu dem Gesamtbild unseres Hauses hinzugefügt. Egal ob jemand nur eine Stunde geholfen hat, etwas zum Essen vorbeibrachte oder wie mein Papa tausende Kilometer für mich gefahren ist. Es war ein Teil vom Ganzen, das mich weitergebracht hat und für das ich sehr dankbar bin. Obwohl das Haus durch Muskel- und Maschinenkraft von Menschen umgebaut wurde, so war von Beginn noch ein wesentlicher Mitstreiter an Bord – Gott. Er hat das Projekt Haussanierung von Beginn an begleitet. Sei es mit den ersten Gedanken an ein Haus bis zur Fügung, wie wir das Haus bekommen haben. Gott hat seinen Teil in jeder Projektphase hinzugefügt. Sei es durch das Finden des richtigen Hauses oder der richtigen Handwerker. Während der Umsetzung hat er Bewahrung geschenkt, sodass nichts Schlimmes geschehen ist. In jeder Phase hat er wie ein Unterstützer seinen Input gegeben. Oft habe ich um seine Unterstützung gebeten, aber oft war er auch manchmal einfach nur da und hat die Dinge im Hintergrund geregelt, ohne, dass ich was mitbekommen habe.

Wenn man die richtigen Personen, zum richtigen Zeitpunkt, am richtigen Ort, mit der richtigen Motivation hat, kann man Dinge erreichen, die unvorstellbar sind. Wenn Gott dann noch seinen Segen hinzufügt und innerster Bestandteil dieses Teams ist, ist nichts unmöglich und Segen wird in unvorstellbarer Art fließen.

GOTT *HAT JEDEN MENSCHEN MIT* **FÄHIGKEITEN** *AUSGESTATTET.*

Durch den Umbau habe ich gelernt, dass jeder was geben kann, wenn er oder sie den Willen hat. Gott hat jeden Menschen mit Fähigkeiten ausgestattet. Den einen mit handwerklichen, den anderen mit emotionalen und wieder andere mit finanziellen Fähigkeiten. Egal welche Fähigkeiten jemand besitzt. Gott möchte, dass wir dies so gut wir können einsetzen. Ich bin fest überzeugt, dass jeder seine Talente und Fähigkeiten in dieser Welt mehr einbringen kann, als er sich vorstellen kann. Gott hat jeden von uns nicht umsonst auf diese Welt geschickt, sondern dass wir ihm mit unseren Taten Ehre geben. Gott hat jedem von uns unterschiedliche Talente gegeben und sein Wunsch ist es, dass wir diese jeden Tag einsetzen und auch ausbauen.

Wenn wir uns vorstellen, dass es nur Menschen mit gleichen Fähigkeiten in unserem Umfeld oder sogar auf der Welt gäbe, dann wäre dies sehr schlecht. Im ersten Moment denkt man vielleicht, dass dies gar nicht so schlimm sei, da gleiche Meinungen oder Einstellungen vorhanden wären. Vielleicht gäbe es zu Beginn weniger Meinungsverschiedenheiten, aber diese würden irgendwann aufkommen und zwar sicherlich heftiger als wenn es eine normale Abwechslung gibt. Die Realität zeigt uns, dass wir Abwechslung benötigen. Abwechslung nicht nur mit Menschen, auch in unserem Leben, in unserem Beruf und Umfeld, in unserem Wesen. Genau solch eine Abwechslung macht das Leben erst interessant. Wie würde eine Welt mit lauter Ingenieuren aussehen? Geradlinig und vollkommen berechenbar? Wie würde die Welt aussehen, wenn nur Künstler darin wohnen würden oder nur Lehrer? Menschen brauchen die Vielfalt, um zu überleben. Jeder weiß wie schlecht eine langfristige Monokultur für die gesamte Pflanzen- und Tierwelt ist. Gott hat jedem Menschen unterschiedliche Talente und Fähigkeiten gegeben, so dass er diese einsetzt für Gott, für andere Menschen und für die Welt.

Mit nur gleichen Menschen (in Bezug auf Charakter, Fähigkeiten, usw.) kommt man auch nicht weiter. Am liebsten stelle ich ein Projektteam zusammen, das aus vielen einzelnen Individuen besteht, wo jeder anders ist und man sich ergänzt – ein heterogenes Team, wie in einer Beziehung. Es ist schön für eine Beziehung, wenn man viele Interessen miteinander teilt, aber am schönsten ist es, wenn man sich ergänzt!

Durch mein Hausprojekt habe ich erfahren dürfen, dass Hilfe der Schlüssel zum Erfolg ist. Wenn man sich gegenseitig unter die Arme greift, wenn jeder sich an der Stelle einbringt wo er kann, dann ist dies ein wesentlicher Schlüssel zu

ES IST SCHÖN FÜR EINE BEZIEHUNG, WENN MAN VIELE INTERESSEN MITEINANDER TEILT, ABER AM SCHÖNSTEN IST ES, WENN MAN SICH ERGÄNZT!

einem erfolgreichen Gelingen. Die Bibel spricht von dem Prinzip „ein jeder habe etwas" und ich bin überzeugt, dass jeder etwas hat, das dem Andern hilft. Egal ob Taten, aufmunternde Worte, ein Gebet, Unterstützung bei Finanzen, einen guten Ratschlag, eine ehrliche Meinung als Freund, eine kritische Stimme als Gegenpol oder eine Umarmung, wenn alles andere in den Hintergrund rückt.

Für mich habe ich erneut gelernt, dass ich das, was Gott mir in jeglicher Hinsicht gegeben hat, einsetze, sodass es zum Segen für andere wird. Ich möchte dich ermutigen: Nutze deine Fähigkeiten und Talente - setzt sie ein! Trainiere jeden Tag deine Fähigkeiten, sei neugierig und lerne immer wieder Neues hinzu. Sei mutig und trau dir neue Dinge zu. Und jede neue Gabe, jedes Talent, jede Charaktereigenschaft und Fähigkeit, die du hinzulernst, ist eine weitere Möglichkeit, dich einzubringen und ein Segen zu sein. Gott hat dich nicht dazu erschaffen, dass du auf dem Sofa sitzt und dein Potential nicht nutzt! Er will dich gebrauchen und er will jeden Teil von dir mit einbeziehen. Während meinem Hausbau durfte ich einen weiteren wichtigen Punkt erkennen: Stetige Arbeit ist nichts Schlechtes - sie ist wichtig. Wir leben in einer Zeit und Gesellschaft, in der man immer sofort ein Ergebnis sehen will. Instant Messages, Instantfeedback, sofort und schnell. Oft müssen wir aber Arbeiten tun, die vielleicht unangenehm sind, Zeit kosten und nicht immer sichtbar sind. Den Estrich aus dem Keller nach oben tragen war lange, harte und stetige Arbeit, aber es war die Basis für einen neuen Anfang.

Oft glauben wir auch, dass kleine Tätigkeiten nicht so wichtig sind und nur die großen Dinge zählen, aber dies ist falsch! Die vielen kleinen Dinge, die wir tun, sind immer die Grundlage für eine nächsten Schritt, um final dann ein Ergebnis zu sehen. Wir denken oft, Andere haben Erfolg und bei den Anderen funktioniert alles – wir dürfen aber nie vergessen, dass meistens hinter einem Erfolg oder einem erreichten Ziel lange harte Arbeit steckt. Es ist wichtig, dass wir uns nicht davor scheuen auch unangenehme Arbeiten zu tun - egal ob in der Familie, in der Firma oder in der Gemeinde. Oft entstehen genau daraus die besten Gespräche und man erweist anderen Menschen einen Dienst, der von großem Wert ist. Ein Sportler, der nicht jahrelang hart trainiert, wird niemals bei den olympischen Spielen

TRAU DIR NEUE DINGE ZU.

die Goldmedaille gewinnen. Als Zuschauer sieht man immer nur das eine Rennen und die Medaille am Ende, als Sportler geht man mehrmals die Woche für mehrere Stunden zum Trainieren. Man verzichtet auf Treffen mit Freunden, man hängt sich rein, verzichtet auch auf persönliche Bedürfnisse. Alles, um am Ende den Sieg davon zu tragen. Warum sehen wir dann unsere Arbeit nicht auch so? Vor allem bei kleinen Dingen, die angeblich unscheinbar sind? In unterschiedlichen Situationen können wir unsere Fähigkeiten auf verschiedenste Weise einsetzen. Wenn dann auch noch die richtigen Leute mit dem entsprechenden Willen da sind, wird es gut und macht auch Spaß. Die Fensteraktion am Haus ist heute noch vielen, die dabei waren, in Erinnerung. Warum: Männer mit Kraft und Freude hatten Spaß. Und am Ende haben Sie auch noch Anerkennung erhalten und ihre getane Arbeit gesehen. Es war auch gut, eine gemeinsame Aktion zu machen und oft läuft die Arbeit auch einfacher, wenn man einen Mitstreiter oder Weggefährten hat. Gemeinsam schafft

GOTT HAT JEDEM VON UNS UNTERSCHIEDLICHE TALENTE GEGEBEN & SEIN WUNSCH IST DIESE JEDEN TAG EINZUSETZEN.

es sich einfacher. Ohne meinen Papa wären manche Arbeiten nicht so einfach von der Hand gegangen. Vier Hände schaffen mehr als zwei und so war ich jedes Mal jedem Helfer von Herzen dankbar für seinen Einsatz, denn für mich hätte es bedeutet, dass ich die gleiche Zeit nochmal hätte investieren müssen.

Jeder von uns wird an der einen oder anderen Stelle gebraucht. Und nur weil wir das Gefühl haben, dass andere Menschen öfter gebraucht werden, bedeutet dies nicht, dass unsere Fähigkeiten weniger notwendig ist oder dass ich gar weniger wert bin als Mensch. Jedes Talent und jede Gabe ist wichtig und wird in Gottes Welt gebraucht. "Gott beruft nicht die Befähigten, sondern befähigt die Berufenen." (Reinhard Bonnke) Egal was du bisher erfahren hast, Gott hat einen Platz für dich, wo du dich mit deinen Fähigkeiten einbringen kannst. Glaube nicht, dass jemand anders deinen Platz einnehmen kann, wenn du ihn gefunden hast. Er kann ihn zwar ausfüllen, aber nicht so gut, wie du, denn du bist einzigartig! Falls du deinen Platz noch nicht kennst und nicht weißt, wo du deine Fähigkeiten einsetzen kannst, dann mach dich auf die Reise. Es macht keinen Sinn ein Boot im Hafen zu steuern und auf das Ziel auszurichten.

GOTT HAT EINEN PLATZ FÜR DICH, WO DU DICH MIT DEINEN FÄHIGKEITEN EINBRINGEN KANNST.

Erst wenn es in Fahrt ist, kann man das sinnvoll ansteuern und auch eine Kurskorrektur vornehmen. So ist es auch im Leben - wenn du heute noch nicht weißt, wo du helfen kannst, dann fange einfach damit an und korrigiere Stück für Stück mit der Zeit. Es ist auch gut zu sehen, was man nicht kann, wenn dies dabei rauskommt. Wichtig ist aber: Fang an deine Fähigkeiten einzusetzen!

**ZUM
NACHDENKEN**

NIMM DIR ZEIT UND MACHE DIR GEGEBENENFALLS NOTIZEN!

- Was sind deine Talente und Fähigkeiten, die in dir sind?

- Was machst du gerne und was fällt dir leicht?

- Wo kannst du dich mit deinen Fähigkeiten mehr einbringen und ein Segen für andere sein?

- Welche Gaben und Fähigkeiten möchtest du ausbauen bzw. Gott an dir entwickeln?

- Was hält dich davon ab deine Dienste und Fähigkeiten einzubringen oder anderen anzubieten?

nächste Seite
PLATZ FÜR NOTIZEN ▶

GEDANKEN

Vater im Himmel,

ich danke Dir, dass Du mich einzigartig geschaffen hast. Danke, dass ich in deinen Augen wertvoll bin und Du mich liebst. Ich danke Dir für all die Gaben und Fähigkeiten, die Du in mich gelegt hast. Verzeih mir, wenn ich meine Talente nicht eingesetzt habe oder sogar vergeudet habe. Lass mich das Potential, das Du in mich gelegt hast, nutzen. Vater im Himmel ich bitte Dich, zeige mir, wo ich durch meine Fähigkeiten für andere zum Segen werden kann. Wenn ich meine Fähigkeiten und Talente noch nicht verstehe, so hilf mir, diese zu erkennen, auszubauen und einzusetzen.

Benütze mich als Dein Werkzeug, um zum Segen für andere zu werden. Bitte hilf mir, meine vorhandenen Gaben

NENNE SPEZIFISCHE GABEN, DIE DU HAST

auszubauen und hilf mir, vermeintliche Schwächen in Chancen umzuwandeln. Ich bete, dass Du meinen Charakter formst, sodass er Dir ähnlicher wird. Lass mich die Welt durch Deine Augen sehen, sodass ich durch Dich für Andere zum Segen werden kann. Lass Deinen Segen fließen über Andere und über mich.

Im Namen Jesu, Amen.

KOLOSSER 3,23-24

ALLES, WAS IHR TUT, DAS TUT VON HERZEN ALS DEM HERRN UND NICHT DEN MENSCHEN, DENN IHR WISST, DASS IHR VON DEM HERRN ALS LOHN DAS ERBE EMPFANGEN WERDET. DIENT DEM HERRN CHRISTUS.

1.KORINTHER 14, 26

Was bedeutet das nun für euch, liebe Brüder und Schwestern? Wenn ihr zusammenkommt, hat jeder etwas beizutragen: Einige singen ein Loblied, andere unterweisen die Gemeinde im Glauben. Einige geben weiter, was Gott ihnen offenbart hat, andere reden in unbekannten Sprachen, und wieder andere übersetzen das Gesprochene für alle. Wichtig ist, dass alles die Gemeinde aufbaut.

PSALM 84,6

Wohl den Menschen, die dich für ihre Stärke halten & von Herzen dir nachwandeln!

NICHT IHR HABT MICH ERWÄHLT, SONDERN ICH HABE EUCH ERWÄHLT UND BESTIMMT, DASS IHR HINGEHT UND FRUCHT BRINGT UND EURE FRUCHT BLEIBT, AUF DASS, WORUM IHR DEN VATER BITTET IN MEINEM NAMEN, ER'S EUCH GEBE.

JOHANNES 1,16

PHILIPPER 2, 3-4

Tut nichts aus Eigennutz oder um eitle Ehre willen, sondern in Demut achte einer den andern höher als sich selbst, und ein jeder sehe nicht auf das Seine, sondern auch auf das, was dem andern dient.

NEUN

ZWEIFEL SÄEN,
HOFFNUNG ERNTEN.

Während der Haussanierung bin ich öfter mal an den Punkt gekommen, an dem ich mir die Frage stellte, ob das, was ich da tat, auch Sinn machte. All diese Arbeit, der Stress, die zusätzliche körperliche und mentale Belastung - und das alles „nur" wegen einem Haus? Öfter sind Zweifel in mir aufgekommen und teilweise haben sie größeren Raum in meinen Gedanken eingenommen, als mir lieb war. Zweifel sind vor allem dann aufgekommen, als mehrere Themen gleichzeitig über mir hereingebrochen sind. Als das Wasser durch die Bodenplatte drückte und ich die Euros nur noch so dahinschwimmen sah, oder wenn die Menge an gleichzeitigen Aufgaben meine einzelnen Fähigkeiten überstieg und einfach nochmal ein weiteres Paar Hände notwendig gewesen wäre.
Der Berg an Arbeiten war manchmal einfach zu groß. Und auch wenn ich es gewohnt bin, große Projekte zu stemmen und hierin Erfahrung habe, so war dies eine neue Erfahrung - eine Grenzerfahrung. Ich habe meine Komfortzone verlassen und mich auf neues Terrain gewagt. Ich weiß, was es heißt, Großprojekte und deren Aufgaben so herunterzubrechen, dass man kleine Aufgabenpakete hat. Frei nach dem Motto: „Jeden Elefanten kann

man essen, man muss ihn nur in genügend kleine Stücke schneiden." Obwohl ich dieses Vorgehen gewählt habe und Schritt für Schritt das Projekt Haussanierung angegangen bin, sind Zweifel aufgekommen. Die Hoffnung auf ein schnelles Ende ging teilweise verloren. Warum? Weil die Welle an Themen, die auf mich zu rollte, über mir zu brechen drohte und ich dann keinen Ausweg mehr sah. Was konnte ich denn ausrichten und der Welle entgegensetzen? Neben all den Themen am Haus kam noch hinzu, dass ich weniger Zeit mit meiner Familie verbrachte und mit meinem besten Berater – meiner Frau. War-

MEINE ZWEIFEL HABEN MIR GEHOLFEN, DINGE NEU ZU SEHEN, AUS EINER ANDEREN PERSPEKTIVE ZU BETRACHTEN, UND SOMIT NEUE CHANCEN ZU ERKENNEN.

um machte ich das Ganze und nahm es auf mich - zumal wir ja ein Häuschen hatten, war es auch ein klein wenig. Der Umbau brachte Höhen und Tiefen mit sich. Interessant war, dass immer, wenn man ein Ergebnis sah, die Motivation zurückkam. Oft genug wurden jedoch nur vorbereitende Tätigkeiten gemacht, die nur ich sah. Die komplette Zeit des Umbaus war geprägt von Erfolgen und kleinen Rückschlägen. Rückblickend sind natürlich die Erfolge und Höhen größer, denn sonst würden wir heute nicht im Haus wohnen und es genießen. Ab und an musste ich mir genau dies sagen oder auch von meiner Frau sagen lassen, aber dies war nicht immer so einfach. Wenn die Welle an Themen zu brechen droht ist es nicht einfach, eine andere Position einzunehmen und das große Ganze zu sehen. Dies muss man immer wieder neu lernen. Es hilft manchmal einen Schritt zurück zu machen und zur Ruhe zu kommen und sich neu zu überlegen, warum man etwas macht, um dann mit neuer Motivation an die Sache heranzugehen. Aufkommende Zweifel sind nicht immer schlecht! Zweifel können uns dazu bringen, uns zu fragen, wo wir hinwollen und uns neue Ausrichtung geben. Meine Zweifel haben mir geholfen, Dinge neu zu sehen, aus einer anderen Perspektive zu betrachten, und somit neue Chancen zu erkennen.

Rückblickend kann ich sagen, dass ich an jeder Herausforderung und Schwierigkeit gewachsen bin. Mit jedem Schritt aus meiner Komfortzone heraus habe ich ein wenig hinzugelernt. Häufig war ich sicherlich am Rande der Panikzone, aber so bin ich sehr dankbar, dass ich immer wieder zurückfinden durfte und die Themen Schritt für Schritt angepackt habe. Es war nicht immer auf Anhieb der richtige Schritt und die passende Entscheidung. Aber es war ein Schritt, der mich ein kleines Stückchen weiterbrachte. Nur wenn du vorangehst, kannst du dein Handeln anpassen - wie mit einem Schiff, das man nur bei Wind richtig steuern kann. Natürlich habe ich Entscheidungen bei der Haussanierung getroffen, die nicht die besten waren, und es ist nicht immer so geworden wie ich es mir gewünscht hatte, aber ich habe dadurch hinzugelernt. Ich konnte viele Dinge im Nachgang nochmal ändern und verbessern, mit der ein oder anderen Fehlentscheidung müssen wir bis heute leben. Fakt ist aber, dass ich mit jeder (Fehl-) Entscheidung meinen Horizont erweitert habe.
Wenn man heute in die Welt schaut, könnte man meinen, dass die Welt auf einem absteigenden Ast ist angesichts diverser Hungersnöte, Kriege und Katastrophen. Alles

zusammen lässt mich ab und an schon zweifeln und bringt mich auch persönlich an Grenzen und Gedanken, die nicht gut sind. Trotzdem will ich aber die Gedanken zulassen. Nicht um in Panik zu geraten, sondern wieder einen besseren Fokus für das zu bekommen, was im Leben relevant ist. Allein der Fakt, dass du dieses Buch liest macht dich zu einem gesegneten Menschen, mehr als du dir vorstellen kannst. Ist dir das bewusst?

1 | *Du hast gelernt zu lesen*

und hast Bildung genossen, mehr als viele Menschen der Welt. Auch wenn für uns lesen zum Alltag gehört, so ist es nicht normal auf dieser Welt·

2 | *Falls du das Buch selbst gekauft hast,*

hattest du genügend Geld um es dir leisten zu können und in dich und dein Leben zu investieren.

3 | *Falls du das Buch geschenkt bekommen hast,*

bist du aus meiner Sicht sogar noch mehr gesegnet. Allein der Grund, dass sich jemand Gedanken gemacht hat, dir etwas zu schenken an dem du persönlich wächst, bedeutet, dass du der Person am Herzen liegst. Die Tatsache, dass sich die Person damit auseinandersetzt was gut für dich ist, zeigt, dass du nicht allein auf der Welt bist und es jemanden gibt, der an dich denkt.

Ich werde in meinem Leben immer wieder dahin kommen, dass ich anfangen werde zu zweifeln – an mir persönlich, an meinen Fähigkeiten oder an Situationen. Manchmal sind vielleicht andere Menschen darin involviert, aber vieles wird sich um mich selbst drehen. Umso wichtiger ist es, dass die Zweifel mich nicht auffressen, sondern dass sie mir helfen, wieder einen klaren Blick für die Zukunft zu bekommen. Wenn der Ausblick für mein Leben düster ist, dann hilft es auf den nächsten Schritt zu schauen. Zweifel sollen mich nicht lähmen, sondern zum Nachdenken anregen, um Dinge anders und mit neuem Mut anzugehen. Es geht um einen Blick in die Zukunft, der vielversprechend ist. Es geht darum ein Ziel zu haben und sich darauf auszurichten. Für mich war das Ziel, ein Haus für meine Familie zu bauen und dies durchzuziehen, mit viel Eigenleistung, aber auch mit Hilfe, wo nötig. Ich hatte eine Vision, die mich angetrieben hat und alle Zweifel und Sorgen besiegt hat. Durch meine Familie habe ich ein brennendes Herz für mein Haus und für die ganze Sanierungszeit bekommen und ich schaue freudig in die Zukunft und bin gespannt auf das, was noch kommt.

Als Vater von vier großartigen Kindern und Ehemann einer wunderbaren Frau kann ich es mir NICHT leisten, NICHT an die Zukunft zu glauben. Anders formuliert: Da ich Vater und Ehemann bin, glaube ich an eine gute Zukunft. Wenn ich dies nicht tun würde, glaubte ich nicht an meine Kinder. Dies ist es, was mir Gott durch all die kleinen und großen Schritte die letzten Jahre gezeigt hat. Wird die Zukunft immer einfach und großartig sein? Mit Sicherheit nicht, aber sie wird von Gott geführt sein, und das ist das Wichtigste!

Ich habe gelernt, Zweifel zuzulassen. Zweifel an mir, an meinem Partner, an Dingen, die ich tue und noch an vielem mehr. Die entscheidende Frage ist: Wohin führen diese Zweifel? Wenn Zweifel bewirken, dass ich mich neu orientiere und mich wieder auf das Wesentliche besinne, dann sind sie gut. Wenn Zweifel mir helfen durch Gespräche und Gebet eine andere Perspektive einzunehmen und sich der Nebel lichtet, sind sie kräftig und mächtig. Wenn jedoch Zweifel einen lähmen oder sogar Ängste in einem schüren, dann sind sie nicht gut. Solche Zweifel müssen wir ablegen, da sie meist Unwahrheiten über unserem Leben sind. Ich durfte lernen, wie ich Schritt für Schritt durch den Hausbau gewachsen bin und so kann es auch bei dir sein! Lass Zweifel zu, rede über deine Zweifel mit Menschen und mit Gott, und mache dann entschlossen den nächsten Schritt.

ALS VATER VON VIER GROSSARTIGEN KINDERN & EHEMANN EINER WUNDERBAREN FRAU KANN ICH ES MIR NICHT LEISTEN NICHT AN DIE ZUKUNFT ZU GLAUBEN.

Fang nicht mit dem Ende an! Starte nicht mit dem Ziel, sondern starte mit dem ersten Schritt, auch wenn du das Ziel noch nicht sehen kannst! Denke positiv und vertraue auf Gott und mache einen Schritt nach dem anderen. Glaube an die Zukunft und glaube an dich, denn dein größter Fürsprecher, Jesus Christus, steht immer hinter dir!

Vielleicht fühlst du dich manchmal wie eine Biene, die nur von einer Blüte zur nächsten fliegt. Du landest hier und da, machst hier mal was und da mal was und aus deiner eigenen Perspektive macht es vielleicht gar keinen großen Sinn. Vielleicht fragst du dich, was für einen Unterschied du machst in dieser

GLAUBE AN DIE ZUKUNFT & GLAUBE AN DICH, DENN DEIN GRÖSSTER FÜRSPRECHER, JESUS CHRISTUS, STEHT IMMER HINTER DIR!

Welt. Die Realität lehrt uns jedoch, dass die Biene eine sehr wichtige Aufgabe übernimmt, ohne es vielleicht zu wissen. Sie fliegt einfach von Blüte zu Blüte. Und so ist es auch mit dir. Mache einfach einen Schritt nach dem anderen. Ich verstehe nicht das große Ganze, dies bleibt nur Gott allein. Wenn ich aber meinen Platz darin einnehme und einen Schritt nach dem anderen tue im Vertrauen auf ihn, dann werde ich am Schluss das Ziel erreichen. Es geht hier um mein und dein Leben, das uns von Gott als Geschenk gegeben wurde. Es ist etwas Persönliches. Es geht um unser Leben. Ein Leben, das es nur einmal gibt auf dieser Welt. Gott hat es geschaffen und möchte, dass wir es zu seiner Ehre leben. Ich habe neu erfahren dürfen, was es heißt, die Zügel in die Hand zu nehmen und Schritt für Schritt in die richtige Richtung zu gehen. Nicht basierend auf meiner Kraft, sondern auf Gottes Kraft. Die Jünger Jesu haben gezweifelt. Aus meiner Sicht hat Jesus selbst am Ende am Kreuz gezweifelt, dass Gott bei ihm ist, und trotzdem ist er gehorsam gegenüber Gott geblieben und hat das

Ziel final erreicht – er hat über den Tod gesiegt. Wie viel mehr können wir voll Vertrauen auf Gott schauen und jeden einzelnen Schritt mit ihm gehen? Ich durfte neu erkennen, dass Gott mich erwählt hat. Gott möchte auch dich erwählen. Dadurch, dass er dich geschaffen hat, hat er seine Liebe in dich gesetzt und möchte sehen, wie du Schritt für Schritt in seinen Segen eintrittst. Du bist auserwählt und geliebt! Sei ein Überwinder und trete ein in Gottes Plan für dein Leben.

ZUM NACHDENKEN

NIMM DIR ZEIT UND MACHE DIR GEGEBENENFALLS NOTIZEN!

- In welchen Bereichen deines Lebens lebst du einfach vor dich hin, ohne an dir zu arbeiten? (z.B. deine Ehe, deine Freundschaften, dein Körper, deine Finanzen, deine Gesundheit, etc.)

- Was sind Zweifel in deinem Leben und wo ist Angst und Zweifel oft nahe beieinander?

- Wo benötigst du Zuspruch von Gott und von Menschen?

- Welcher anderen Person kannst du Zuspruch und Ermutigung aussprechen, wenn sie zweifelt?

- Was ist dein Ziel für deine persönliche Zukunft? (geistig, körperlich, gesellschaftlich und geistlich)

- Welche sind die nächsten kleinen Schritte im Glauben, die Gott von dir möchte?

nächste Seite
PLATZ FÜR NOTIZEN ▶

GEDANKEN

ZUM INNEHALTEN

Vater im Himmel,

ich danke Dir für all das Gute, das bisher in meinem Leben geschehen ist.

NENNE DINGE, FÜR DIE DU DANKBAR BIST!

Ich danke Dir, dass Du gute Pläne und Gedanken über mich und mein Leben hast. Danke, dass Du eine Zukunft und eine Hoffnung für mich und mein Leben hast. Verzeih mir, wenn Selbstzweifel mich gelähmt haben. Ich bitte Dich um Vergebung, wenn Zweifel mich von Dir abgewandt haben und ich Dich in Frage gestellt habe.

Hilf mir, dass meine Zweifel nicht in Ängsten enden, sondern mich zurück auf Deinen Weg bringen. Ich bete, dass nicht Ängste meine Zukunft dominieren, sondern die feste Zuversicht, dass Du mein Retter bist. Schenke mir bitte Menschen, die mich in schwierigen Situationen (er-)tragen und lass auch mich ein Unterstützer für Andere sein. Du bist der Herr und Schöpfer von Himmel und Erde. Du hast mich erwählt und ich bin Dein Kind und ich danke Dir für eine Zukunft in deinem Reich.

Im Namen Jesu, Amen.

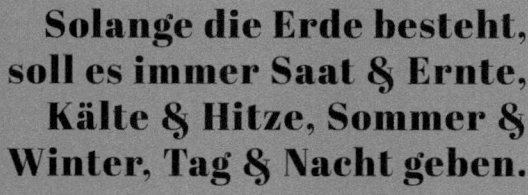

Solange die Erde besteht, soll es immer Saat & Ernte, Kälte & Hitze, Sommer & Winter, Tag & Nacht geben.

1. MOSE 8,22

Der Glaube ist der tragende Grund für das, was man hofft: Im Vertrauen zeigt sich jetzt schon, was man noch nicht sieht.

HEBRÄER 11,1

ICH GLAUBE. HILF MEINEM UNGLAUBEN!

MARKUS 9,24

Denn bei Gott ist kein Ding unmöglich.

LUKAS 1,37

LASS DICH NICHT VOM BÖSEN ÜBERWINDEN, SONDERN ÜBER- WINDE DAS BÖSE MIT DEM GUTEN!

RÖMER 12,21

PSALM 91,1-2

*Wer unter dem **Schutz des Höchsten** wohnt, der kann bei ihm, dem Allmächtigen, Ruhe finden. Auch ich sage zum Herrn: »Du schenkst mir Zuflucht wie eine **sichere Burg!** **Mein Gott,** dir gehört mein ganzes Vertrauen!«*

ZEHN

PASS AUF
DICH AUF!

———

Rückblickend frage ich mich heute, wie wir all dies geschafft habe. Manchmal erscheint es mir wie ein Traum und ich kann es kaum glauben, dass ich und Andere anscheinend so viel geleistet haben. Würde es nicht so viele Fotos vom Umbau und dem Haus geben, könnte man glatt meinen, es sei schon immer so gewesen. Schon heute, vier Jahre nach dem Einzug und der ganzen Sanierung, kann ich mich an viele Dinge nicht mehr erinnern – schade und gut zugleich. Ab und an lass ich die Zeit aber noch Revue passieren und ich rede auch mit meiner Frau darüber wie es war und was es mit uns gemacht hat. Es ist dann manchmal wie ein Film, der vor mir abläuft, mit guten und auch negativen Erinnerungen.

Mehr als 1000 Stunden Eigenleistung wurden in 18 Monaten allein von mir geleistet - nach Feierabend, an Wochenenden oder irgendwann sonst. Dies entspricht fast einem Halbtagsjob. All diese Stunden kamen on top auf meine normale Arbeitszeit. Parallel hatten wir bereits zwei kleine Kinder, mit einem Dritten auf dem Weg, das während des Umbaus gesund auf die Welt kam.

Während dem Umbau gab es einige Menschen, die sagten: „Bezi, du bist wie eine Maschine, wie ein Duracell-Hase". „Deiner Schlagzahl und deinem Takt können nicht viele folgen". „Was du leistest, ist nicht normal und deine Erwartungen an dich sind zu krass!" Viele haben aber im gleichen Zuge auch gesagt: „Pass auf dich auf!" Diese Aussage habe ich meistens abgetan mit „Keine Angst, mach ich!" und schon ging es wieder weiter in gewohnter Manier. Es gab sogar Menschen, die auf meine Frau zukamen und sie gefragt haben, ob es mir gut gehe, da ich körperlich so schlecht aussähe. Mir ist dies gar nicht aufgefallen, aber Anderen anscheinend schon. Obwohl es mir selbst nicht bewusst war oder ich es mir vielleicht nicht eingestehen wollte, hat der Umbau kräftemäßig an mir gezehrt – und zwar sehr. Menschen kamen auf meine Frau zu und haben ihr gesagt, dass sie sich Sorgen um mich machten (körperlich, gesundheitlich und einfach im Allgemeinen). Sorgen, dass ich eines Morgens nicht mehr aufwache oder einfach auf der Baustelle zusammenbreche.

IM NACHGANG HABE ICH ERKANNT, WAS FÜR EIN SEGEN ES IST, MENSCHEN AN MEINER SEITE ZU HABEN, DIE MICH BEOBACHTEN & DIE SICH UM MICH SORGEN & BEMÜHEN.

Im Nachgang habe ich erkannt, was für ein Segen es ist, Menschen an meiner Seite zu haben, die mich beobachten und die sich um mich sorgen und bemühen. Menschen zu haben, die mir nicht nach meinem Mund reden, sondern mir den Spiegel vorhalten und auch mal unangenehme Dinge aussprechen. Dies ist nicht selbstverständlich und es ist ein hohes Gut, das es zu pflegen gilt. Der Eine oder Andere ist nicht persönlich zu mir gekommen, sondern hat den politischeren Weg über meine Frau gewählt, aber zum damaligen Zeitpunkt war ich auf dem Ohr taub.

Nahezu jeden Samstag war ich von morgens bis abends auf der Baustelle. Ich bin heimgekommen, habe geduscht, gegessen und oft bin ich um 20:00Uhr im Bett eingeschlafen und habe nichts mehr mitbekommen. Oft war ich schon eingeschlafen, da war meine Frau noch damit beschäftigt, die Kinder ins Bett zu bringen. Rückblickend auf die Zeit (auch mit einem kritischen Auge) habe ich teilweise in meiner eigenen Welt gelebt und dies auch nicht bemerkt. Von der Arbeit oder Dienstreise ging es direkt auf die Baustelle. Nach dem Urlaub direkt auf die Baustelle, ohne vorher kurz nach Hause zu gehen. Das war im Nachgang nicht klug. Meine Frau und meine Kinder waren die Hauptleidtragenden dieser Zeit, in vielerlei Hinsicht. Im einzigen Jahresurlaub war ich krank, oft waren meine Gedanken beim Haus, Gesprächsthema war weniger die Familie als das Haus, wenn etwas nicht so lief wie ich wollte war ich gereizt, ich habe die Entwicklung meiner Kinder in dem Jahr des Umbaus nicht mitbekommen und noch vieles mehr. Gerne würde ich die Zeit und die Worte, die leider häufig gefallen sind zurückdrehen, aber dies geht leider nicht.

Der Umbau und die ganze Zeit haben meine Wahrnehmung verzerrt und mir scheint, ich bin in jede nur erdenkliche Falle getreten. Aus heutiger Sicht habe ich fast jeden Fehler gemacht, den man nur machen kann. Es geht dabei nicht unbedingt um die baulichen Fehler am Haus (dies natürlich auch), aber vor allem um die menschlichen Fehler gegenüber meiner Frau und meinen Kindern. Fehler, die sich in Worten und Taten geäußert haben, die im Nachhinein noch lange Zeit gebraucht haben, um sie wieder ins Lot zu bringen. Manchmal wären auch Taten und Worte notwendig gewesen, die ich nicht getan und gesagt habe, und die vieles im Nachgang einfacher gemacht hätten. Worte der Vergebung und Entschuldigung oder Taten von Freundlichkeit. Dinge, die dem Anderen zeigen, ich sehe dich und ich nehme dich wahr. Du bedeutest mir was und ich liebe dich! So gut die Haussanierung lief, so schlecht ging es meinem direkten Umfeld, meiner Familie - aber das habe ich während der Umbauzeit nicht bemerkt.

Nach 18 Monaten Umbau sind wir endlich im Mai 2018 umgezogen. Man hofft, dass schließlich alles vorbei ist, aber jeder, der schonmal umgezogen ist, weiß, dass es nach dem Umzug erst nochmal richtig losgeht. Es fühlt sich an, wie wenn jemand bei einem Rennen in der Schlussrunde sagt, dass man nochmal eine Extrarunde laufen muss, obwohl man schon alles gegeben hat. Nachdem man alle Sachen im neuen Haus hat, dauert es eine gewisse Zeit, bis alles seinen Platz gefunden hat und man sich wirklich „zu Hause" fühlt. Nach dem Einzug waren meine Gedanken: „Super, jetzt hast du es geschafft." Hier noch was und da noch was machen - Home Sweet Home. Aber ich lag falsch! Ohne es zu ahnen lag die größte Baustelle noch vor mir. Und diese Baustelle hatte Ausmaße, wie ich sie mir nie hätte vorstellen können. Diese Baustelle war ein Trümmerhaufen, den ich erst 7 Monate nach Einzug sah (also Ende 2018, kurz vor Silvester). Ich hatte nie erwartet, dass mir so etwas passieren könnte und ich vor solch einem Thema stehen würde. „Jedem anderen kann so etwas passieren, nur nicht mir"; so dachte ich bis zu diesem Zeitpunkt. Durch all den Umbau, das Leben in meiner eigenen Welt, die Arbeit und alles was dazu kam, habe ich den Trümmerhaufen selber nicht erkannt. Meine Frau hat mir geholfen den Trümmerhaufen zu sehen und zwar durch einen neunseitigen Brief, den sie mir geschrieben hat. Der Trümmerberg war meine Ehe!

Anbei ein Auszug aus dem Brief meiner Frau an mich:

„LIEBER DOMINIC,

Du hast mich gebeten, dir zu schreiben, warum ich mit dir zusammen bin. Was so einfach klingt ist leider gar nicht so leicht zu beantworten. Die offensichtlichste Antwort wäre wohl „weil ich dich liebe". Aber das fällt mir gerade nicht leicht zu sagen. Es gibt viele Dinge, die ich an dir schätze. Du bist fleißig, immer bereit, alles zu geben und hart zu arbeiten. Du stehst zu deinem Wort, bist ehrlich und treu. Du versorgst uns mit allem, was wir brauchen, und du hast kaum Ansprüche für dich persönlich. Du bist offen anderen Menschen gegenüber und stets hilfsbereit. Du bist erfolgreich in deinem Job und trotzdem immer bescheiden geblieben. Du liebst deine Familie und unterstützt deine Geschwister [...]. Wenn ich dich ansehe und darüber nachdenke, was ich an dir schätze, dann sehe ich einen ganz wunderbaren Mann, der sicherlich alle Eigenschaften mitbringt, die sich eine Frau in ihrem Ehemann wünscht.

Trotzdem habe ich in letzter Zeit – oder genauer – in den letzten zwei Jahren [Anmerkung: dies ist genau die Zeit der Haussanierung] immer häufiger gezweifelt. Bei all den Vorzügen und Annehmlichkeiten, die mir ein Leben mit dir bietet, so fehlt mir doch etwas. Das in Worte zu fassen ist schwierig, aber ich will es versuchen.

Materiell gesehen haben wir alles, was wir uns nur wünschen können. Wir leben in einem großen, schönen Haus, das wir einzig und allein deinem Fleiß und deiner harten Arbeit zu verdanken haben. Jedoch fehlt es in diesem ausgerechnet an den Dingen, die mir am Wichtigsten sind. Es fehlt an Herzlichkeit, an Ruhe und Frieden. Ich habe das Gefühl, *dass sobald wir beide zu Hause sind, alle diese Dinge nicht mehr da sind. [...]*

Ich habe ohnehin das Gefühl, dass die Kinder und ich immer hintenanstehen müssen. Ja, du arbeitest viel und hart. Viele bewundern dich dafür. Was die meisten aber nicht sehen ist, dass die Zeit mit der Familie dafür gegen null geht. Du hast dich sehr verwundert darüber gezeigt, dass zwischen den Jahren niemand auf der Baustelle stand [...]. Ich persönlich empfinde das nicht als verwunderlich! Die meisten Menschen möchten eben ihre freie Zeit gerne mit ihren Familien verbringen. Man muss nicht immer „produktiv" sein. Das Leben besteht nicht nur aus Arbeit! Und ich möchte nicht, dass mein und das Leben meiner Familie davon bestimmt wird.

Ich wünsche mir ein Leben, in dem die Menschen darin Priorität haben. Wenn das bedeutet, dass ich materiell nicht alle meine Wünsche erfüllen kann, dann nehme ich das gerne in Kauf. Und genau da glaube ich, dass unsere Vorstellungen einfach (zu?) weit auseinander liegen.

Vielleicht müssen wir einsehen, dass wir nicht gut zusammenpassen. Wenn du den Hauptgrund wissen möchtest, warum ich noch mit dir zusammen bin, dann sind es unsere Kinder und die Tatsache, dass wir mit dir materiell versorgt sind. Und genau diese Einsicht bereitet mir Probleme. Denn was will ich meinen Kindern denn vorleben? Dass man sich selbst und seine Überzeugungen verleugnen soll, nur um nicht auf materielle Annehmlichkeiten verzichten zu müssen? Wohl kaum.

In der Bibel steht, Frauen sollen ihre Männer respektieren. Ich habe großen Respekt vor dem, was du leistest! Leider sieht es aber mit deinem Verhalten zu Hause anders aus. Ich kann niemanden ernsthaft respektieren, der regelmäßig grob und respektlos gegenüber seiner eigenen Familie auftritt.

In der Bibel steht weiter geschrieben, Männer sollen ihre

Frauen lieben. Truth be told — ich fühle mich von dir meist nicht geliebt. Ich erfahre, dass andere Menschen von dir wesentlich mehr Entgegenkommen erfahren, als deine Kinder und ich. [...]

Ich weiß nicht, ob deine Frage hinreichend beantwortet wurde. Liebe ich dich? Liebe ist eine Entscheidung. Momentan kann ich diese Entscheidung nicht unbedarft treffen. Ich schätze dich und respektiere die Kraft und Arbeit, die du in deinen Job und in unser Haus steckst. Ich würde mir wünschen, dass du genauso viel Energie in unsere Familie und in deine Beziehung zu mir investieren würdest. [...]

Ich habe Zweifel. Ich denke das ist die einzige konkrete Antwort, die ich dir heute geben kann. Möge das kommende Jahr uns Antworten liefern.

Bis dahin, in Freundschaft, deine Mirjam (31.12.2018)

„Was ist hier los? Habe ich irgendwas verpasst?" so waren meine Gedanken im ersten Moment. Im zweiten Moment jedoch durfte ich erkennen, dass es ganz einfach und auch logisch war. Wir hatten uns auseinandergelebt, die letzten Monate vom Umbau und Umzug hatten wir nur noch nebeneinander her gelebt. Mein Fokus war ein anderer und ich hatte meine Ehe und meine Familie aus den Augen verloren. Ich hatte versucht, meiner Frau meine Liebe zu zeigen, aber leider dabei viele Dinge völlig missachtet. Ich wollte mehr und mehr und bin dabei nicht zu Ruhe gekommen. Stress und Hektik hatten Einzug in mein Leben und unsere Ehe gehalten. Und jetzt stand ich da - vor einer noch größeren Baustelle als meinem Haus! Ich weiß nicht was ich alles geopfert hätte, um den Kelch, der nun vor mir lag, an mir vorüberziehen zu lassen! Ich musste Verantwortung für alles übernehmen, denn es ging um mich, meine Frau, meine Kinder, meine Familie.

Es liege mir fern irgendjemanden zu verurteilen, aber heute kann ich verstehen, wenn Paare ein Haus bauen und sich im Anschluss nach wenigen Monaten oder Jahren scheiden lassen. Von außen sieht noch alles gut und schön aus. Tolles Haus, tolle Familie und alle sind gesund, aber ein Blick hinter die Kulissen zeigt, dass gar nichts mehr passt - wie bei uns. Die ganze Situation, die Anspannung, der Stress, und noch vieles mehr - alles kommt zusammen. Nach außen zeigt man sich lächelnd und alles ist super, aber in Wirklichkeit weint das Herz. Man denkt man ist allein, ist im Tunnel und vergisst dabei, worauf es ankommt. Die Bibel beschreibt die Frau als Helferin des Mannes (1. Mose 2, 18 - Und Gott der HERR sprach: Es ist nicht gut, daß der Mensch allein sei; ich will ihm eine Gehilfin machen, die um ihn sei.). Ich hatte diese Perspektive verloren. Ich fühlte mich teilweise als Einzelkämpfer, der eine große Last zu tragen hatte und parallel fühlte sich meine Frau alleingelassen mit unseren drei sehr kleinen Kindern. Obwohl wir miteinander geredet haben, haben wir nicht effektiv miteinander kommuniziert. Wir haben uns zwar immer zugehört, aber wir haben uns gegenseitig nicht gehört. Ich dachte immer, dass mir so etwas nicht passieren kann, sondern nur Anderen. Und plötzlich stand ich mittendrin. Ich stand im Schutthaufen einer bröckelnden Ehe und ich fühlte mich einsamer als je zuvor.

Was für ein Jahreswechsel. Ich wusste, dass ich mit jemandem reden musste, der uns kennt und hundert prozentiges Interesse an meiner Frau, unserer Ehe und mir hatte. Jemand, der nicht nur zu mir oder meiner Frau hält, sondern zu unserer Ehe und große Motivation hat, uns beiden zu helfen. Und so bin ich mit dem Brief in der Hand zu meiner Schwiegermutter gefahren und habe mit ihr beim zweiten Neujahrsfrühstück darüber geredet. War es schwierig mit jemand so Vertrautem über alles zu reden und alle Probleme offen zu legen? Absolut! War es gut? Es war genau das Richtige und hat sich gelohnt! Meine Schwiegermutter hat weder mich, noch meine Frau (ihre Tochter) verurteilt, sondern hat uns in kleinen Dingen geholfen, unsere Ehe wieder auf den rechten

OBWOHL WIR MITEINANDER GEREDET HABEN, HABEN WIR NICHT EFFEKTIV MITEINANDER KOMMUNIZIERT

Weg zu bringen. Ich durfte durch sie eine andere Perspektive einnehmen und auch neuen Mut fassen. Ich habe mich ganz klar neu für meine Frau, meine Ehe und meine Kinder entschieden. Die folgenden Monate nach Neujahr 2019 waren nicht einfach, aber es hat sich extrem viel verändert. Mein Fokus, meine Haltung gegenüber meiner Frau, meinen Kindern und meine persönlichen Prioritäten sind nicht mehr die gleichen. Sie haben sich teilweise um 180 Grad gedreht. Natürlich falle ich bis heute manchmal in alte Muster zurück, aber ich lerne von Tag zu Tag hinzu. Gemeinsam mit meiner Frau arbeite ich an unserer Ehe. Sind wir vor Diskussionen und Streitigkeiten bewahrt? Absolut nicht, aber ich weiß, dass wir miteinander kämpfen und nicht gegeneinander!

Gott hat mir durch die Zeit im Umbau und Umzug etwas ganz Wichtiges offenbart:

Pass auf dich auf! Pass auf dich auf, egal ob körperlich, emotional, geistig oder in irgendeinem anderen Bereich. Pass auf dich, deine Frau, deinen Partner, deine Ehe und deine Familie auf! Verliere nie den richtigen Fokus! Ich hatte meinen Fokus verloren und in meiner eigenen Welt gelebt. Aber es ist nie zu spät, sich im Leben wieder neu zu orientieren. Lieber spät als nie! Und lieber heute als morgen. Ich habe gelernt was es heißt, neu an mir zu arbeiten. Es war absolut nicht einfach, mein Versagen als Ehemann und Vater einzugestehen und zu verstehen, wo ich den richtigen Weg verlassen hatte. Auch wenn es nicht mit Absicht war, so ist es geschehen und ich musste lernen, damit umzugehen. Im Nachhinein ist mir vieles klarer und bewusster und trotzdem kann ich es nicht rückgängig machen.

Heute frage ich mich öfter, was mir Dinge wert sind. Nicht im finanziellen Sinne, sondern was ist der Preis für mich, meine Beziehung und meine Familie. Wenn ich was tue oder nicht, stelle ich mir oft die Frage, welche Auswirkungen es hat. Bin ich bereit, gewisse Dinge aufs Spiel zu setzen, oder nicht? Es tut gut

PASS AUF DICH AUF, EGAL OB **KÖRPERLICH, EMOTIONAL, GEISTIG** *ODER IN IRGENDEINEM ANDEREN BEREICH.*

meine Frau bei dieser Fragestellung mit einzubeziehen. Ich weiß, dass meine Frau für mich ist. Sie will das Beste für mich und ist mir ein Helfer. Ich habe gelernt, sie besser zu verstehen. Ich nehme Ratschläge, von ihr offen an und prüfe, in wie weit ich diese in meinem Leben umsetzen kann. Ratschläge und ehrliches Feedback von deinem Partner zu bekommen ist nicht immer leicht. Es ist vor allem dann schwer, wenn der Andere recht hat, und wir dies wissen! Das muss nicht immer nur unser Partner sein. Oft verfalle auch ich hier eher in eine Abwehrhaltung, als meiner Frau mit einem offenen Herzen zu begegnen und mich zu ändern. Bei meiner Frau darf ich schwach sein! Sie liebt mich und hält zu mir - trotz meiner Schwächen! Ich durfte wieder neu erkennen, was es heißt, Ratschläge und wahres Feedback anzunehmen.

Mir scheint, dass es uns in unserer täglichen Arbeit leichter fällt, Feedback und Ratschläge anzunehmen, als zu Hause oder im Freundeskreis. Ich habe nur eine Erklärung für mich gefunden: Bei der Arbeit kann ich besser trennen zwischen Fakten und meiner Person. Zu Hause bin ich aber „ich" und oft kommt genau hier unser wahres Wesen zum Vorschein. Wenn dies nicht rauskommt, dann müssen wir etwas daran ändern. Was nützt uns eine falsche Maske in genau dem Umfeld, das uns am meisten bedeuten sollte und von Liebe, Zweisamkeit und Respekt dominiert werden sollte? Oft fällt es auch mir schwer, Kritik von meiner Frau anzunehmen, ohne direkt in eine Abwehrhaltung zu gehen. Ehrlich gesagt hat sie oft recht, und TROTZDEM liebt sie mich. Wenn mich meine Frau, meine Familie und meine Freunde mit all meinen Fehlern akzeptieren – welch ein Segen. Und wenn sie es nicht tun, dann will ich es lieber heute wissen als morgen, denn sonst lebe ich in einer Blase, die irgendwann platzt.

Im Leben ist es wichtig, die Menschen in den Fokus zu stellen. Es klingt so einfach, ist aber so schwer! Zumal sich oft auf unserer Arbeit viel um Zahlen und Dinge dreht und der Mensch anonym bleibt. Der Mensch ist wichtig! Und manchmal ist eine Tasse Kaffee oder ein Bier mit jemandem mehr wert, als jedes Geschenk. Oft reicht es auch, wenn Dinge einen Tag später erledigt werden. Nicht alles muss immer sofort erledigt werden. Die Welt suggeriert uns dies sehr oft, aber es ist nicht wahr. Versteh mich richtig – es gibt durchaus Dinge, die keinen Aufschub dulden. Die Frage ist, wo liegen meine Prioritäten? Beim Hausbau dachte ich oft, ich müsse dieses oder jenes unbedingt noch erledigen. Ich habe es teilweise ohne Rücksicht auf Verluste durchgezogen, obwohl es nicht notwendig war. Einen Tag oder sogar eine Woche später hätten oft ausgereicht. Das Resultat wäre das Gleiche gewesen, aber die Art und Weise wäre anders gewesen. Ein anderer Fokus hätte mir viele Probleme im Nachgang erspart.

Oft denke ich, dass ich mit meinen Problemen alleine bin. Mir scheint, dass egal welche Probleme es sind, sei es mit mir selbst, mit meiner Frau, mit meinen Kindern, nur ich diese Probleme auf der Welt habe. „Niemand hat solche Probleme außer mir! Niemand versteht mich!" Bei allen anderen scheint alles perfekt zu sein und nur bei mir läuft etwas falsch. Aber genau dies ist falsch! Gott hat mir wieder neu gezeigt, dass dies nicht stimmt. Ich bin nicht alleine auf dieser Welt. Gott kennt meine Probleme und andere Menschen haben genau die gleichen Themen, wie ich. Ich muss nicht alle Last alleine tragen. Und das möchte ich auch DIR sagen: Du bist nicht allein auf dieser Welt! Gott kennt deine Probleme und andere Menschen haben genau die gleichen Themen, wie du! Du musst nicht alle Last alleine tragen!

Jeder hat Probleme, die er mit sich herumträgt. Ich bin nicht alleine, wir sind nicht alleine mit unserem Rucksack voll Themen, der uns manchmal zu erdrücken scheint. Es ist aber eine Frage, wie wir damit umgehen. Als ich den Brief von meiner Frau las, musste ich mit jemandem reden. Die gefühl-

IM LEBEN IST ES WICHTIG, DIE MENSCHEN IN DEN FOKUS ZU STELLEN.

te Last des Trümmerhaufens war ein enormer Druck auf meinen Schultern. Ich habe lange überlegt, wem ich meinen Trümmerhaufen zeigen kann und auch um Hilfe bitten kann. Es war gar nicht so einfach, denn auf einmal zeigt man sein wahres Ich. Rückblickend sage ich ganz deutlich, dass meine Schwiegermutter einen; großen Beitrag geleistet hat, meine Ehe zu retten. Die Worte, die ich von Ihr empfangen habe, waren göttliche Worte - wie von einem Engel. Mir scheint, dass der große Druck auf mich notwendig war um daraus etwas Schönes zu machen – wie bei einem Diamanten, der auch nur unter Druck entsteht. Den ersten Schritt musste aber ich machen. Ich musste mich jemandem öffnen. Ich musste meine Probleme mit jemandem teilen und mein wahres Ich zeigen. Ich musste mich ohne Maske zeigen. Im Nachgang habe ich mit mehreren Menschen über meine Situation geredet und interessanterweise durfte ich erfahren, dass ich nicht alleine bin – absolut gar nicht! Viele waren an einem vergleichbaren

DU MUSST NICHT ALLE LAST ALLEINE TRAGEN!

Punkt. Es tut gut, von anderen Menschen zu hören und zu erleben, die die gleichen Themen und Probleme haben. Es geht nicht darum, sich besser zu fühlen, als der Andere, sondern sich gegenseitig zu unterstützen und voneinander zu lernen. Es kann sehr ermutigend sein, Dinge im Leben mit anderen zu teilen, um selber zu erkennen: dem Anderen geht es gleich wie mir.

Macht es mich verwundbar, wenn ich ehrlich meine Situation mit anderen Menschen teile? Ich glaube nicht! Natürlich teile ich nicht mein Leben und meine Probleme mit allen Menschen, aber was ist mit meinem Partner, meiner Familie, Freunden? Menschen, die es gut mit mir meinen. Menschen, die mir etwas bedeuten und ich auch ihnen? Menschen, die ich wertschätze und die sich Zeit für mich nehmen? Ich glaube, in den meisten Fällen passiert genau das Gegenteil, von dem was wir erwarten würden. Es passiert nämlich meistens etwas Positives! Das was ich teile, das bin ICH. Ich bin Ich und ich bin authentisch in diesem Moment. Natürlich kann jeder mit dem Finger auf mich zeigen, aber hat die andere Person nicht auch vergleichbare Themen und schmutzige Ecken in seinem Leben? Warum muss ich mich also verstellen?

Heute, einige Jahre später, betrachte ich den Brief meiner Frau als ein Zeichen, dass Gott die Hoffnung in mich, meine Frau und meine Familie nicht aufgegeben hat und er etwas Großartiges für uns vorbereitet hat. Zugleich sehe ich den Brief als einen Liebesbrief meiner

Frau an mich. Einen ehrlichen Brief, den man einem wahren Freund gibt, um ihm Dinge in seinem Leben zu zeigen, weil man ihn gern hat und ihn liebt. Auch wenn es für sie selbst sehr schmerzhaft war, bin ich meiner Frau von Herzen dankbar, dass sie all den Mut zusammengenommen hat und mir jeden Punkt, wo ich falsch unterwegs war in unserer Beziehung, geschrieben hat. War es schön zu lesen? Auf keinen Fall!

Interessant ist der Aspekt, dass ich mehr gehört und verstanden habe als ich ihren Brief gelesen habe, obwohl ich Monate vorher bereits immer mit ihr gesprochen, aber nichts verstanden hatte. Ich weiß, dass ich nicht davor gefeit bin, dass „etwas" in meine Ehe kommt und versucht das Zentrum von Zweisamkeit, Liebe und Achtsamkeit zu zerstören. Aber ich kann immer für meine Ehe kämpfen. Ich kann für meine Ehe und meine Frau einstehen und beten! Es ist meine Entscheidung, ob ich mich immer wieder neu für meine Frau und meine Familie entscheide. Es liegt an mir, immer neu an meinen Schwächen zu arbeiten, meine Probleme offen mit jemandem zu besprechen, meine Masken in den unterschiedlichen Lebensbereichen abzulegen, verdreckte Ecken in meinem Leben zu bereinigen und mich immer wieder neu zu fokussieren. Es liegt an mir, es ist meine Entscheidung!

Es liegt an DIR und es ist DEINE Entscheidung, für was du dich immer wieder neu entscheidest und worauf du deinen Fokus setzt! Du bist Gott wichtig und er möchte, dass du dich für Ihn entscheidest! Und dann will er mit dir in deinem Leben alle Themen angehen, denn er liebt dich!

**ZUM
NACHDENKEN**

NIMM DIR ZEIT UND MACHE DIR GEGEBENENFALLS NOTIZEN!

- Wo hast du dich, deinen Körper, deine Gesundheit vernachlässigt und nicht auf dich Acht gegeben?

- Wo hast du Beziehungen zu anderen Menschen (z.B. deine Frau, deine Kinder oder Freunde) vernachlässigt?

- Bei was musst du mehr auf dich aufpassen und wo musst du dir bewusst Zeit für dich selbst nehmen? (Nicht im egoistischen Sinne, sondern zu deinem Schutz)

- Welche Person(en) darf/dürfen in dein Leben sprechen und dir auch unangenehme Themen aufzeigen, die du dann auch ernst nimmst?

- Mit welchen Problemen kämpfst du und was ist deine größte Last?

- Warum traust du dich nicht, damit auf jemanden zuzugehen?

- In welchem Bereich deines Lebens musst du dich neu ausrichten und vor allem den Fokus auf die richtigen Prioritäten setzen?

nächste Seite
PLATZ FÜR NOTIZEN ▶

GEDANKEN

**ZUM
INNEHALTEN**

Vater im Himmel,

ich danke Dir für all das Gute und die Bewahrung, die Du bisher in meinem Leben geschenkt hast.

NENNE ZEITEN, MOMENTE UND AUGENBLICK UND WERDE DIR BEWUSST, WAS GOTT FÜR DICH GETAN HAT!

Danke für all das Gute in meinem Leben.

NENNE DINGE FÜR DIE DU DANKBAR BIST!

Vater vergib mir, wo ich ohne Rücksicht auf Andere gehandelt habe. Verzeih mir, wo ich meine Familie, meinen Partner und vor allem DICH nicht beachtet habe. Verzeih mir, wo ich mit Scheuklappen durch die Welt gegangen bin und nur mich im Fokus hatte. Hilf mir, nicht in meiner eigenen Welt gefangen zu sein. Leite Du mich und gib Du mir immer wieder neu den Blick für das Wichtige im Leben. Bitte hilf mir, dass ich auf meinen Körper achte, ihn pflege und ehre. Hilf mir, Freundschaften und Beziehungen nach Deinen Maßstäben zu leben und in sie zu investieren. Stelle mir Menschen zu Seite, die mir helfen auf mich zu achten. Ich bete, dass tiefe und ehrliche Beziehungen zu Freunden und Menschen entstehen, die lebendig, auferbauend und wohltuend sind. Wenn ich den Fokus im Leben verliere, bitte hilf Du mir, ihn wieder neu zu finden und gib mir neue Orientierung. Wenn ich am Boden bin, hilf mir auf. Wenn ich keinen Ausweg mehr sehe, sei DU mein Licht. Wenn ich nicht mehr weiter weiß, nimm DU mich an meiner Hand und führe mich. Sei DU mein Herr und Erlöser. Ich will DIR vertrauen in allem was ich tue, mein Leben lang.

Im Namen Jesu, Amen.

4.MOSE 6, 24-26

DER HERR SEGNE DICH & BEHÜTE DICH;
DER HERR LASSE SEIN ANGESICHT
LEUCHTEN ÜBER DIR & SEI DIR GNÄDIG;
DER HERR HEBE SEIN ANGESICHT ÜBER
DICH & GEBE DIR FRIEDEN.

JOSUA 1,9

HABE ICH DIR NICHT GEBOTEN: SEI GETROST UND UNVERZAGT? LASS DIR NICHT GRAUEN UND ENTSETZE DICH NICHT; DENN DER HERR, DEIN GOTT, IST MIT DIR IN ALLEM, WAS DU TUN WIRST.

SPRÜCHE 4,23

Mehr als alles, was man sonst bewahrt, behüte dein Herz! Denn in ihm entspringt die Quelle des Lebens.

PSALM 16,1

Bewahre mich, Gott; denn ich traue auf Dich.

Der HERR ist mein Hirte, mir wird nichts mangeln. Er weidet mich auf einer grünen Aue und führet mich zum frischen Wasser. Er erquicket meine Seele. Er führet mich auf rechter Straße um seines Namens willen. Und ob ich schon wanderte im finstern Tal, fürchte ich kein Unglück; denn du bist bei mir, dein Stecken und Stab trösten mich. Du bereitest vor mir einen Tisch im Angesicht meiner Feinde. Du salbest mein Haupt mit Öl und schenkest mir voll ein. Gutes und Barmherzigkeit werden mir folgen mein Leben lang, und ich werde bleiben im Hause des HERRN immerdar.

PSALM 23

HEUTE WOHNEN,
wir in unserem Haus...

und bin dankbar für das, was ich die letzten Jahre lernen durfte. Ich bin dankbar für all die Dinge und Situationen, durch die ich gehen musste oder besser gesagt: durch die ich gehen durfte. Mein Haus und die letzten Jahre haben mich zu der Person gemacht, die ich heute bin. Es wäre falsch, mir gewisse Dinge nicht einzugestehen und zu akzeptieren, denn ich bin ich!

WER IMMER TUT WAS ER SCHON KANN, BLEIBT IMMER DAS, WAS ER SCHON IST. (Henry Ford)

Mein Haus und die Herausforderungen haben mich gezwungen, meine Komfortzone zu verlassen. Ich habe mich dadurch verändert. Gott hat mich verändert, in dem er mir Stück für Stück immer wieder neue Dinge offenbart hat. Ich habe viele Dinge falsch gemacht, aber ich habe mehr Dinge richtig gemacht. Manchmal vielleicht erst im zweiten Anlauf, aber ich bin weiter als ich gestern war.

Manchmal kommt noch folgende Frage in mir auf, ge-
paart mit einem Folgegedanken:

1 *Wenn ich vor dem Umbau gewusst hätte,...*

was ich, meine Ehe und meine Familie durchmachen
müssen, hätte ich dann den Umbau auf mich genommen? Es ist natürlich eine fiktive Frage, aber vermutlich
wäre meine Antwort „Nein" gewesen.

2 *Interessant...*

ist aber dann der Gedanke, der sich anschließt. Wenn ich
vor dem Umbau gewusst hätte, wo ich heute stehe (also
ein Bild von mir in der Zukunft), wäre meine Antwort
nicht „Nein" gewesen, sondern es wäre eher eine andere
Frage, nämlich „Wie komm ich da hin und wie soll das
geschehen?"

Heute bin ich an dem Punkt im Leben, wo ich bin, weil
ich einen Schritt nach dem anderen getan habe. Ich habe
eine Herausforderung nach der anderen akzeptiert und
versucht, das Beste daraus zu machen - manchmal alleine,
manchmal zu zweit und manchmal gemeinsam mit Anderen. Es war manchmal sehr ermüdend, und manchmal
waren die Schritte auch sehr klein, aber es waren Schritte
in die richtige Richtung. Ich bin Gott von Herzen dankbar,
dass er mich bei jedem Schritt begleitet hat und mir nie
mehr zugemutet hat, als ich (er)tragen konnte.

Zum Abschluss möchte ich dir noch einen Gedanken mitgeben. Vervollständige bitte folgenden Satz mit dem ersten Gedanken, der dir kommt:

Die **WELT,** ist voller...

WENN DEINE GEDANKEN POSITIV WAREN?
Top – bitte mach weiter so!

WENN DEINE GEDANKEN NEGATIV WAREN?
Bitte Gott dich zu ändern, denn du bist gesegnet und geliebt!

Ich sage DANKE an jeden Helfer beim Umbau, für jede Tat, jedes ermutigende Wort, jeden Tropfen Schweiß, jeden gefahrenen Kilometer, ohne euch wäre dies nicht möglich gewesen.

Ich sage DANKE an meine zwei Musketiere, ohne unser Gebet wüsste ich nicht, wo meine Ehe heute stehen würde.

Ich sage DANKE an meine Schwiegermutter, denn du bist immer für uns da und deine Selbstlosigkeit ist ein Spiegel von Gottes Großzügigkeit.

Ich sage DANKE an meinen Papa und meine Mama, ohne euch gäbe es mich nicht und ich wäre nicht an dem Punkt, wo ich heute bin.

Ich sage DANKE an meine Kinder, denn ihr seid ein Segen für mich und Mama, ich glaube an euch!

Ich sage DANKE an meinen Stern, dass du mich liebst, zu mir hältst und mich ergänzt!

Ich sage DANKE Gott für allen Segen!